行政書士試験
見るだけ
過去問
民法

第2版

横溝 慎一郎
Yokomizo Shinichiro
著

中央経済社

はじめに

行政書士試験における民法は択一式問題が９問，記述式問題２問が毎年出題されています。これを多いと見るか，少ないと見るかは人それぞれかもしれませんが，民法の学習範囲全体を過去問がカバーしているとは残念ながら言えない現状があるのはたしかです。

また近年は，これまで出題されていなかったような論点が出題される傾向も顕著です。そして，2020年４月には改正民法が施行されました。改正点への出題はもちろんまだわずかです。

つまり，過去問だけを使用した学習では，合格に必要な知識は身につきません。

しかし，過去問で問われている分野が問題に出されたときに，それに全く対応できないようでは困ります。これまで出題されていなかったような論点が出されているといっても，択一式９問すべてがそうではありません。

実は，大半はこれまでの試験で出題されてきたテーマから問われています。そして一部に未出題テーマが入っているというのが，実際の出題傾向です。

これらをふまえると，民法の学習においては，まず過去の試験で問われてきた論点についてきちんと理解できるように学習し，あわせて未出題の重要論点を学習していく，という姿勢が必要だといえます。

つまり，過去問だけ学習しても十分ではありませんが，過去問の学習をやっていないようでは，合格することは不可能であるといってよいでしょう。

論点の多い民法だからこそ，土台づくりが大切。

さあ本書を使って，民法の土台づくりを一緒に始めていきましょう！

横溝慎一郎

学習のどの段階で，どのように使う？

本書の効果的な使い方

本書は行政書士試験におけるあらゆる場面で活用できるように編集した**全く新しい過去問題集**です。

初めて学習する人から，学習経験者まで，または学習の初期段階から最終仕上げ段階まで，用途に応じて活用できる１冊。そう考えてください。

民法は例年，五肢択一で９問出題されます。ただ民法の範囲の広さを考えると，過去問で問われた分野で，全範囲をカバーしているとはとてもいえません。しかし，**試験で繰り返し問われている論点もありますので，まずそこを得点できなければ合格は難しい**でしょう。

そこで，本書では本試験で出された論点に関する絶対に見ておくべき問題を**「見る問」**として厳選しました。

では，以下３つの段階に分けて具体的にその活用法を説明しましょう。

Step 1　学習の初期段階

民法の学習を始めたばかりの方や学習経験者であっても，初期段階においては，**学習した内容に該当する「見る問」を，学習の進捗状況に合わせて見ていくこと**をおすすめします。

その際，問題を解く必要はありません。あなたが学習した内容が，本試験でどう問われているのかを確認する感覚で，問題を読んでいきましょう。

「**学習した内容のどの部分が重要であるのか？**」を**「見る問」**を通じて確認することが目的です。また，図示されている問題は，民法における図の書き方を学ぶのに有益です。

いずれにしても，**「見る問」**を読んだ後，もう一度テキストに戻って内容の再確認を行ってください。それは知識の理解度をアップすることにもつながりますよ。これが学習を始めた段階での活用法です。

Step 2　ひととおり学習した段階

あなたがひととおり学習した段階にきたら，改めて「**自分はどこがわかっていないか？**」「**自分の弱点はどこか？**」を把握するために，**「見る問」**だけでなく**「関連過去問」**もあわせて読んでいきましょう。

ひととおり学習した段階というのは，テキスト・条文と**「見る問」**との反復学習が１周したタイミングを指します。

このタイミングで，あなたが**「見る問」**や**「関連過去問」**を読んだときに，「**あれ？　これはなんだっけ？**」と感じた論点こそが，あなたの弱点です。この場合，必ずあなたが使っているテキストや条文の該当箇所に戻って確認するようにしてください。

ひととおり学習した段階だからこそ，**反復することで，「知識の穴」を埋めることができます**。「知識の穴」を埋めておくことは，試験対策上非常に重要です。

Step 3　総まとめの段階

この段階では，本書を短期間で一気に通読することで，試験合格に必要な知識の確認を行うことができます。

Step 2までに**「もう一度見ておきたい箇所」に付箋を貼るなどしてピックアップしておく**と，より効率がよくなりますよ。

この段階でわからない問題があった場合は，その論点はあなたにとって深刻な弱点部分であると考えてください。本試験まであとわずかという時期ですから，テキストと条文に戻り，確実に理解するよう努めておきましょう。

以上，あらゆる段階で，本書はあなたの民法学習に貢献します。

行政書士試験合格を目指しているあなたが，本書をよきパートナーとして活用されることを願ってやみません。

本書の構成

本書は今までになかった**新しい形の過去問題集**です。解くことよりも，**見ることを重視する**ことで，合格力が高められるように工夫しています。

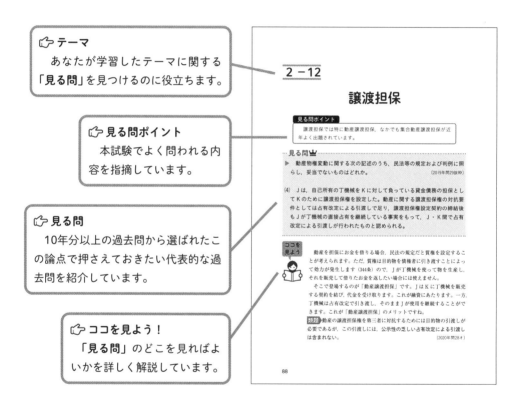

テーマ
あなたが学習したテーマに関する**「見る問」**を見つけるのに役立ちます。

見る問ポイント
本試験でよく問われる内容を指摘しています。

見る問
10年分以上の過去問から選ばれたこの論点で押さえておきたい代表的な過去問を紹介しています。

ココを見よう！
「見る問」のどこを見ればよいかを詳しく解説しています。

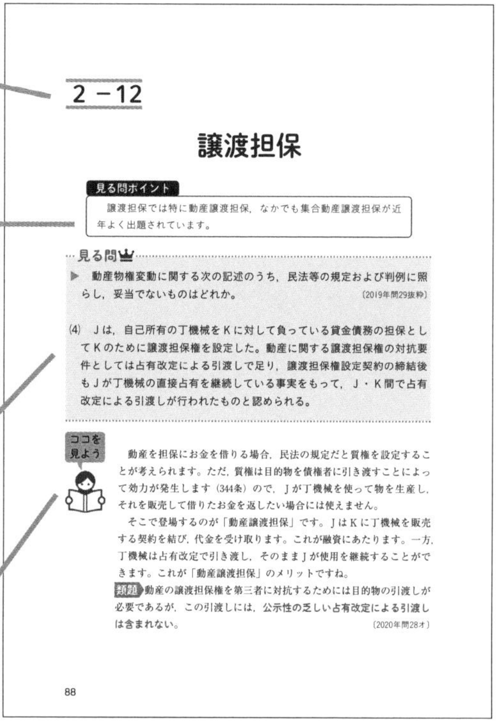
2 −12

譲渡担保

見る問ポイント
譲渡担保では特に動産譲渡担保，なかでも集合動産譲渡担保が近年よく出題されています。

見る問
▶ 動産物権変動に関する次の記述のうち，民法等の規定および判例に照らし，妥当でないものはどれか。（2019年問29抜粋）

(4) Jは，自己所有の丁機械をKに対して負っている貸金債務の担保としてKのために譲渡担保権を設定した。動産に関する譲渡担保権の対抗要件としては占有改定による引渡しで足り，譲渡担保権設定契約の締結後もJが丁機械の直接占有を継続している事実をもって，J・K間で占有改定による引渡しが行われたものと認められる。

ココを見よう

動産を担保にお金を借りる場合，民法の規定だと質権を設定することが考えられます。ただ，質権は目的物を債権者に引き渡すことによって効力が発生します（344条）ので，Jが丁機械を使って物を生産し，それを販売して借りたお金を返したい場合には使えません。

そこで登場するのが「動産譲渡担保」です。JはKに丁機械を販売する契約を結び，代金を受け取ります。これが融資にあたります。一方，丁機械は占有改定で引き渡し，そのままJが使用を継続することができます。これが「動産譲渡担保」のメリットですね。

類題 動産の譲渡担保権を第三者に対抗するためには目的物の引渡しが必要であるが，この引渡しには，公示性の乏しい占有改定による引渡しは含まれない。（2020年問28オ）

88

＼ここもチェック！／

プラスα

これを知っていたら差がつくポイントをレクチャー！

「民法」の過去問は**問題ごとに見る**ことが，攻略の近道です。そのため，15年分の過去問から論点ごとに押さえておくべき問題を厳選し，肢ごとに解説をしています。さらには，あわせて見ておくべき類題も並べています。最大限の学習効果が得られるよう，適宜改題・抜粋のうえ，問題を配置しています。

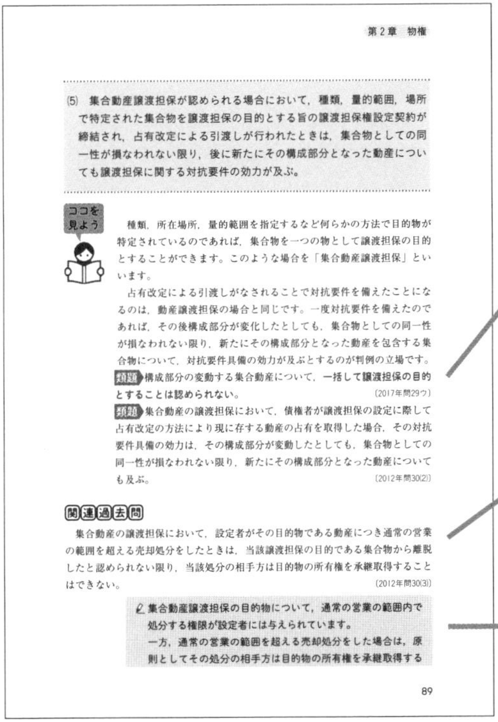
第2章　物権

⑸　集合動産譲渡担保が認められる場合において，種類，量的範囲，場所で特定された集合物を譲渡担保の目的とする旨の譲渡担保権設定契約が締結され，占有改定による引渡しが行われたときは，集合物としての同一性が損なわれない限り，後に新たにその構成部分となった動産についても譲渡担保に関する対抗要件の効力が及ぶ。

種類，所在場所，量的範囲を指定するなど何らかの方法で目的物が特定されているのであれば，集合物を一つの物として譲渡担保の目的とすることができます。このような場合を「集合動産譲渡担保」といいます。

占有改定による引渡しがなされることで対抗要件を備えたことになるのは，動産譲渡担保の場合と同じです。一度対抗要件を備えたのであれば，その後構成部分が変化したとしても，集合物としての同一性が損なわれない限り，新たにその構成部分となった動産を包含する集合物について，対抗要件具備の効力が及ぶとするのが判例の立場です。

類題 構成部分の変動する集合動産について，一括して譲渡担保の目的とすることは認められない。〔2017年問29ウ〕

類題 集合動産の譲渡担保において，債権者が譲渡担保の設定に際して占有改定の方法により現に存する動産の占有を取得した場合，その対抗要件具備の効力は，その構成部分が変動したとしても，集合物としての同一性が損なわれない限り，新たにその構成部分となった動産についても及ぶ。〔2012年問30⑵〕

関連過去問

集合動産の譲渡担保において，設定者がその目的物である動産につき通常の営業の範囲を超える売却処分をしたときは，当該譲渡担保の目的である集合物から離脱したと認められない限り，当該処分の相手方は目的物の所有権を承継取得することはできない。〔2012年問30⑶〕

集合動産譲渡担保の目的物について，通常の営業の範囲内で処分する権限が設定者には与えられています。
一方，通常の営業の範囲を超える売却処分をした場合は，原則としてその処分の相手方は目的物の所有権を承継取得する

89

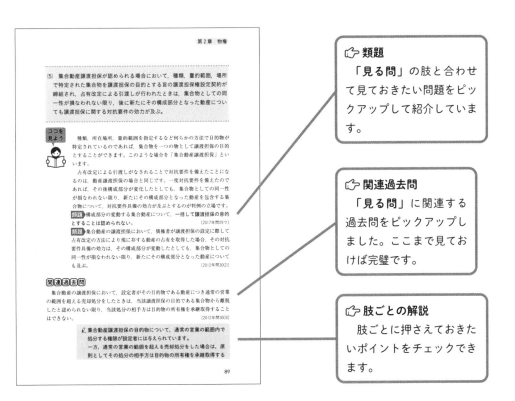

類題
「**見る問**」の肢と合わせて見ておきたい問題をピックアップして紹介しています。

関連過去問
「**見る問**」に関連する過去問をピックアップしました。ここまで見ておけば完璧です。

肢ごとの解説
肢ごとに押さえておきたいポイントをチェックできます。

\ここもチェック！/

図解
横溝先生による直筆の図で，図の書き方も学べる！

目　　次

第1章
総　則

学習のポイント

「行為能力」「意思表示」「代理」「時効」といった論点が出題の中心です。条文知識と判例知識の正確さが要求されます。

特に「時効」は民法全範囲に及ぶ総合問題として出されることも多く，難易度も高めですので要注意です。

1－1

制限行為能力

見る問ポイント

権利能力・意思能力・行為能力全般にかかわる問題です。頻出テーマである制限行為能力を中心に，条文知識を丁寧に押さえてください。

見る問

▶ 制限行為能力者に関する次の記述のうち，民法の規定および判例に照らし，誤っているものはどれか。 〔2020年問27 答(4)〕

(1) 未成年者について，親権を行う者が管理権を有しないときは，後見が開始する。

838条に関する問題です。この条文の内容は過去10年間で３回出題されています。

> 第838条　後見は，次に掲げる場合に開始する。
> 一　未成年者に対して親権を行う者がないとき，又は親権を行う者が管理権を有しないとき。
> 二　後見開始の審判があったとき。

今回は未成年後見が開始するための条件を聞いていますので，838条１号を確認しておきましょう。未成年後見は，「親権を行う者がないとき」または「親権を行う者が管理権を有しないとき」に開始します。ですから，この肢は正しいです。

2018年問題35(1)では「未成年後見は，未成年者に対して親権を行う者がないときに限り，開始する」という問われ方をしています。「親権を行う者がないときに限り」としてしまうと「親権を行う者が管理権を有しないとき」が除かれてしまいますので，誤りです。

また，2011年問題35(3)では「未成年後見については，未成年者に対し親権を行う者がないとき，または親権を行う者が管理権を有しないときに後見が開始し，成年後見については，後見開始の審判があったときに後見が開始する」という問われ方をしました。こちらは838条1号2号の内容を全般的に問うものとして，正しいですね。

ちなみに「親権を行う者が管理権を有しないとき」とは，「管理権喪失の審判」があったとき（835条）や「管理権の辞任」が認められたとき（837条1項）を指します。

⑵　保佐人は，民法が定める被保佐人の一定の行為について同意権を有するほか，家庭裁判所が保佐人に代理権を付与する旨の審判をしたときには特定の法律行為の代理権も有する。

保佐人は被保佐人に対して同意権を有します（13条1項各号）。また必要があれば，家庭裁判所は，本人，配偶者，4親等内の親族等の請求により，特定の法律行為について保佐人に代理権を付与する旨の審判をすることができます（876条の4第1項）。

<table>
<tr><th></th><th>同意権</th><th>代理権
（個別の審判必要）</th></tr>
<tr><td>保佐</td><td>13条1項1～10号</td><td rowspan="2">•代理権の内容に限定はない
（876条の4第1項，876条の9第1項）
•本人以外が請求
→本人の同意必要（876条の4第2項，876条の9第2項）</td></tr>
<tr><td>補助</td><td>•13条1項1～10号のうち，必要なもの（最大9つまで）を個別の審判で（17条1項）
•本人以外が請求
→本人の同意必要（17条2項）</td></tr>
</table>

⑶　家庭裁判所は，被補助人の特定の法律行為につき補助人の同意を要する旨の審判，および補助人に代理権を付与する旨の審判をすることができる。

⑵の表をみてください。補助人には，補助開始の審判とは別に「同意権（17条1項）」「代理権（876条の9第1項）」とも家庭裁判所の個別の審判により与えられます。

①　同意権＋代理権

② 同意権のみ

③ 代理権のみ

①～③のどれがよいかは，審判を請求する側の希望に合わせます。③を選んだ場合，被補助人の行為能力に制限はないことになります。

(4) 被保佐人が保佐人の同意を要する行為をその同意を得ずに行った場合において，相手方が被保佐人に対して，一定期間内に保佐人の追認を得るべき旨の催告をしたが，その期間内に回答がなかったときは，**当該行為を追認したものと擬制される。**

ココを見よう

相手方の催告が被保佐人に対して行われ，一定期間内に回答がないということは，保佐人からの回答が得られていないため，回答ができないということが考えられます。このような状態の被保佐人が不利益を受けないようにするため，20条4項ではこの場合「取り消したものとみなす」としています。「追認したものと擬制される（「みなす」ということです）」としているこの肢は誤りです。

類題 制限行為能力者が未成年者の場合，相手方は，**未成年者本人に対して**，1か月以上の期間を定めてその行為を追認するかどうかを催告することができ，その期間内に確答がなければその行為を追認したものとみなされる。 〔2006年問27(2)〕

未成年者には意思表示の受領能力がありません（98条の2本文）。ですから，この催告に対して未成年者が確答しなかったとしても，法定代理人がその意思表示を知らないかぎり何らの効果も発生しません（98条の2ただし書1号）。このことは成年被後見人本人に対する同様の催告についても同じです。

プラスα

単独で有効に追認することができる人に催告して無返答だった場合，それは追認とみなされます。一方で，単独では有効に追認できない人に催告して無返答だった場合は取消しとみなされます（20条）。

⑸　制限行為能力者が，相手方に制限行為能力者であることを黙秘して法律行為を行った場合であっても，それが他の言動と相まって相手方を誤信させ，または誤信を強めたものと認められるときは，詐術にあたる。

21条により，制限行為能力者が自分は行為能力者であると嘘をつくなど「詐術」を用いて相手方を信じさせた場合は，制限行為能力を理由に取り消すことができなくなります。

単に自分が制限行為能力者であることを黙秘していた場合は，相手方が行為能力者だと勘違いしたとしてもそれは「詐術」ではありません。

ただ他の言動と相まって相手方を誤信させ，または誤信を強めたものと認められるときは，「詐術」にあたるとするのが判例の立場です（最判昭和44年２月13日）。

類題 Ａは未成年者であったが，その旨をＢに告げずに売買契約を締結した場合，**制限行為能力者であることの黙秘は詐術にあたるため，**Ａは未成年者であることを理由として本件売買契約を取り消すことはできない。　〔2014年問28⑸〕

✎制限行為能力者であることを黙っていただけでは詐術にはあたりません。なお，この場合，他の言動と相まって相手方を誤信させたまたは誤信を強めさせたのであれば詐術にあたると評価するのが判例です。

類題 制限行為能力者が被保佐人であり，保佐人の同意を得なければならない行為を被保佐人が保佐人の同意またはそれに代わる家庭裁判所の許可を得ずにした場合において，被保佐人が相手方に対して行為能力者であると信じさせるために詐術を用いたときには，制限行為能力を理由としてこの行為を取り消すことはできない。　〔2006年問27⑷〕

✎詐術を用いた場合，被保佐人も保佐人も取り消すことはできなくなります（21条）。

関連過去問1

制限行為能力者に関する次の記述のうち，民法の規定に照らし，正しいものはどれか。　〔2015年問27　答ウ・エ〕

ア　家庭裁判所が後見開始の審判をするときには，成年被後見人に成年後見人を付するとともに，成年後見人の事務を監督する**成年後見監督人を選任しなければならない**。

> 後見監督人の選任は任意です（849条）。たとえば，後見人が13条１項各号に掲げる行為（「元本の領収」はのぞく）を被後見人に代わってするときは後見監査人の同意が要求されます。

イ　被保佐人がその保佐人の同意を得なければならない行為は，**法に定められている行為に限られ**，家庭裁判所は，本人や保佐人等の請求があったときでも，被保佐人が法に定められている行為以外の行為をする場合にその保佐人の同意を得なければならない旨の審判をすることはできない。

> 13条１項各号は限定列挙ではありません。同条２項により，家庭裁判所は本人，配偶者等一定の者の請求により，同意が必要な行為を追加することはできます。ただし，「日用品の購入その他日常生活に関する行為」は追加できません。

ウ　家庭裁判所は，本人や保佐人等の請求によって，被保佐人のために特定の法律行為について保佐人に代理権を付与する旨の審判をすることができるが，本人以外の者の請求によってその審判をするには，本人の同意がなければならない。

> 家庭裁判所は本人や保佐人等の請求によって，被保佐人のために特定の法律行為について保佐人に代理権を付与する旨の審判をすることができます（876条の４第１項）。この「特定の法律行為」の内容に限定はありません。また，本人以外の者の請求によってこの審判をする場合には，本人の同意が必要とされています（同条２項）。（p. 3の表参照）

エ　家庭裁判所は，本人や配偶者等の請求により，補助開始の審判をすることができるが，本人以外の者の請求によって補助開始の審判をするには，本人の同意がなければならない。

> 補助開始の審判は，本人，配偶者等の請求により家庭裁判所が行います（15条１項）。このとき本人以外の者が請求してき

> た場合は，本人の同意がなければ補助開始の審判をすることができません（同条２項）。（p. 3 の表参照）

オ　後見開始の審判をする場合において，本人が被保佐人または被補助人であるときは，家庭裁判所は，**その本人に係る保佐開始または補助開始の審判を取り消す必要はないが**，保佐開始の審判をする場合において，本人が成年被後見人であるときは，家庭裁判所は，その本人に係る後見開始の審判を取り消さなければならない。

> 成年後見，保佐，補助の制度が同一人物に重複して適用されないようにするため，保佐開始，補助開始の審判は取り消す必要があります（19条）。

関連過去問２

制限行為能力者と取引をした相手方の保護に関する次の記述のうち，正しいものはどれか。〔2006年問27抜粋〕

(1)　制限行為能力者が自己の行為を取り消したときには，相手方は受け取っていた物を返還しなければならないが，**相手方は，制限行為能力を理由とする取消しであることを理由に，現に利益を受けている限度で返還をすれば足りる。**

類題 未成年者であるＢが親権者の同意を得ずにＡから金銭を借り入れたが，後に当該金銭消費貸借契約が取り消された場合，ＢはＡに対し，受領した金銭につき現存利益のみを返還すれば足りる。

〔2011年問27オ〕

> 現に利益を受けている限度で返還すればよいとされているのは，制限行為能力者側であって，相手方ではありません（121条の２第３項）。

(3)　制限行為能力者が成年被後見人であり，相手方が成年被後見人に日用品を売却した場合であっても，**成年被後見人は制限行為能力を理由として自己の行為を取り消すことができる。**

> 「日用品の購入その他日常生活に関する行為」については，成年被後見人は単独で有効に行うことができます（９条ただし書）。

関連過去問3

権利能力，制限行為能力および意思能力に関する次の記述のうち，民法および判例に照らし，妥当なものはどれか。〔2012年問27　答(5)〕

(1) 胎児に対する不法行為に基づく当該胎児の損害賠償請求権については，胎児は既に生まれたものとみなされるので，胎児の母は，**胎児の出生前に胎児を代理して**不法行為の加害者に対し損害賠償請求をすることができる。

> 胎児の状態では権利能力は取得できませんので，民法上の権利の一つである「不法行為に基づく損害賠償請求権」を行使することはできません。したがって，胎児の母が代理してそれを行使することもできません。
> たしかに，721条において「胎児は，損害賠償の請求権については，既に生まれたものとみなす」と規定されています。しかし，これは，判例の立場によると，無事に生まれたことを条件に，不法行為のときから「既に生まれたものとみなす」としている規定だと理解されています（停止条件説）。このことは相続（886条），遺贈（965条）においても共通です。

類題 Aの死亡時には，配偶者B，Bとの間の子CおよびAの母Dがいる。Aが死亡した時点でCがまだ胎児であった場合には，Aを相続するのはBおよびDであるが，その後にCが生まれてきたならば，CもBおよび**Dとともに**Aを相続する。〔2007年問35イ〕

> Cが無事生まれた場合，相続開始時にすでに生まれていたものとみなします（886条1項）。したがってAを相続できるのは，配偶者Bと子Cのみです。

(2) 失踪の宣告を受けた者は，死亡したものとみなされ，**権利能力を喪失する**ため，生存することの証明がなされ失踪の宣告が取り消された場合でも，失踪の宣告後その取消し前になされた行為はすべて効力を生じない。

> もともと住んでいたところからいなくなり帰ってくる見込みがない人のことを「不在者」といいます。この「不在者」の生死不明の状態が一定期間続いてしまうと，残された配偶者や相続人，債権者などの「利害関係人」は，「不在者」の財産を処分することができないため，困った状態が生じてしまいます。

> そこで，「利害関係人」からの請求があれば，家庭裁判所がその「不在者」を死亡したものとみなす「失踪宣告」をすることができるのです（30条）。この「失踪宣告」は「不在者」がもともと住んでいた住所において死亡したと扱うものですので，その人が別の場所で生存していた場合，その人の権利能力を奪うものではありません。

類題 Aは，海外出張に出かけたが，帰国予定の日に帰国しないまま長期間が経過した。その間，家族としては関係者および関係機関に問い合わせ，可能な限りの捜索をしたが，生死不明のまま出張から10年以上が経過した。そこで，Aについて，Aの妻Bの請求に基づき家庭裁判所によって失踪宣告がなされた。Aの相続人としては，妻Bおよび子Cの2人がいる場合に関する次の記述のうち，民法の規定および判例に照らし，妥当なものはどれか。〔2010年問35抜粋　答ウ〕

ウ　Aの遺言が存在した場合に，その遺言の効力は，Aの生死が不明になった時から7年の期間が満了した時からその効力を生ずる。

> ✎ 普通失踪の場合，失踪宣告がなされると，7年の期間満了時に死亡したものとみなされます（31条）。遺言の効力もそのときから生じます（985条1項）。

オ　Aについて失踪宣告がなされた後にBはD男と婚姻したが，その後，失踪宣告が取り消された場合に，**A・B間の婚姻とB・D間の婚姻は，戸籍の上では共に存在することになるが，両者の婚姻は，当然には無効とならず，共に重婚を理由として取り消し得るにすぎない。**

> ✎ 宣告後取消前に当事者双方が生存について善意で行った行為は，失踪宣告がその後取り消されても影響を受けません（32条1項）。たとえば，B・DがAの生存についてどちらも善意で再婚した場合，その後Aに対する失踪宣告が取り消されても影響を受けず，A・Bの婚姻は復活しません。一方，B・Dが双方善意ではない場合，Aに対する失踪宣告が取り消されると，A・B間の婚姻が復活し，重婚状態になります。

(3)　成年後見人は，正当な事由があるときは，**成年被後見人の許諾を得て**，その任務を辞することができるが，正当な事由がないときでも，家庭裁判所の許可を得て，その任務を辞することができる。

✎成年後見人は，後見開始の審判をするときに，家庭裁判所の職権で選任されます（843条１項）。そして，正当な事由があるときは，家庭裁判所の許可を得て，辞任することができます（844条）。

(4) 成年被後見人の法律行為について，成年後見人は，これを取り消し，または追認することができるが，成年被後見人は，事理弁識能力を欠く常況にあるため，後見開始の審判が取り消されない限り，**これを取り消し**，または追認することは**できない**。

✎成年被後見人が単独で行った法律行為（たとえば契約）については，もちろん原則として取り消すことができます（９条本文）。取消しができない場合は，「日用品の購入その他日常生活に関する行為（同条ただし書）」に限定されていますね。
この取消しですが，効果としては遡及効（121条）が認められています。そして，制限行為能力を理由とする取消しの取消権者としては，制限行為能力者（たとえば成年被後見人本人），その代理人（たとえば法定代理人），承継人（たとえば相続人），同意をすることができる者（たとえば保佐人，補助人）を120条１項は列挙しています。

(5) 後見開始の審判を受ける前の法律行為については，制限行為能力を理由として当該法律行為を取り消すことはできないが，その者が当該法律行為の時に意思能力を有しないときは，意思能力の不存在を立証して当該法律行為の無効を主張することができる。

✎意思能力のない状態で行った法律行為は無効です（３条の２）。たしかに後見開始の審判を受けていなければ，成年被後見人ではありません（８条参照）。ですが，意思能力の不存在を立証できれば，法律行為の無効を主張できます。

1－2

心裡留保・通謀虚偽表示

見る問ポイント

通謀虚偽表示における「善意の第三者」にあたるのがどのような人なのかをきちんと整理しておきましょう。

見る問

▶　Aが自己の所有する甲土地をBと通謀してBに売却（仮装売買）した場合に関する次のア～オの記述のうち，民法の規定および判例に照らし，妥当でないものはどれか。
〔2008年問27　答イ・オ〕

ア　Bが甲土地をAに無断でCに転売した場合に，善意のCは，A・B間の売買の無効を主張して，B・C間の売買を解消することができる。

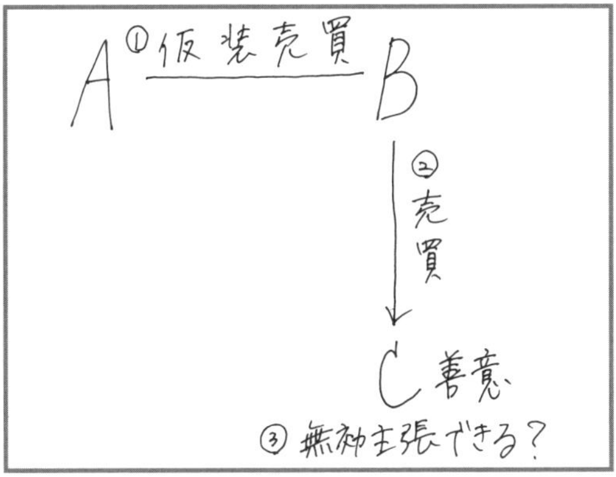

相手方と通じてした虚偽の意思表示は，当事者間では当然無効です。お互い「ウソ」だとわかっているのですから，無効としても問題はありません。問題は，そのことを知らずに取引関係に入った第三者に対して，同じように無効だと主張できるか？ですね。これが「94条２項

の第三者」という論点です。

判例は，この「第三者」について「当事者及び包括承継人以外の者で，虚偽表示による法律行為の存在を前提として利害関係に立った第三者」と定義づけています。

「第三者」にあたるケース	①　不動産の仮装譲受人からの譲受人 ②　仮装譲受人の不動産に抵当権の設定を受けた人 ③　仮装債権の譲受人 ④　仮装譲渡された目的物を差し押えた人
「第三者」にあたらないケース	①　債権の仮装譲受人から取り立てのためにその債権を譲り受けた人 ②　順位一番の抵当権が仮装で放棄されたため順位が繰り上がった順位二番の抵当権者 ③　土地の仮装譲受人が土地上に建てた建物を借りた賃借人 ④　土地の賃借人がその上に建てた建物を仮装譲渡した場合の土地賃貸人

イ　Bが甲土地をAに無断でCに転売した場合に，善意のCに対して，AはA・B間の売買の無効を対抗することはできないが，**Bはこれを対抗することができる。**

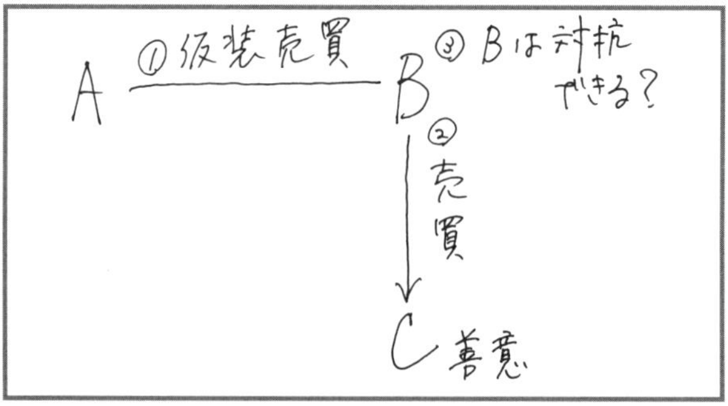

この問題のCは「第三者にあたるケース①（上記表参照）」に該当します。ですから，Cに対してAやBがA・B間の売買契約の無効を主張することはできません。ただし「善意の第三者に対抗することができない（94条2項）」とは，あくまでもAやBから「善意の第三者」であるCに主張できないことを意味します。したがって，CからA・B間の売買契約の無効を主張することは可能です。

ウ　Aの一般債権者Dは，A・B間の売買の無効を主張して，Bに対して，甲土地のAへの返還を請求することができる。

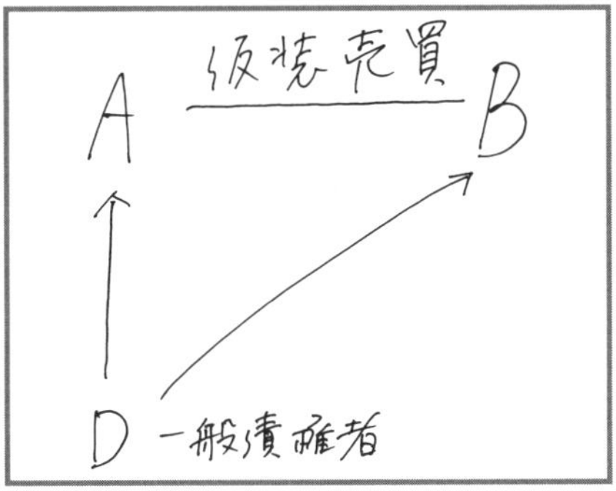

この問題は，94条２項に関するものではありません。DはA・B間の売買契約が有効であることを前提に新たに独立の法律上の利害関係をもったわけではないですね。

では，このようなDの主張ができるかというと，債権者代位権（423条）の行使という形であれば可能です。もちろん債権者代位権の行使要件を満たしていることが前提条件です。

エ　Bが甲土地につきAに無断でEのために抵当権を設定した場合に，Aは，善意のEに対して，A・B間の売買の無効を対抗することができない。

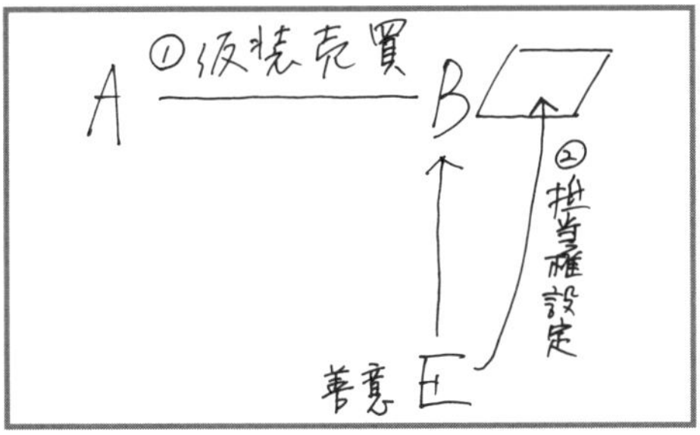

「第三者にあたるケース②（p.12表参照）」に該当する問題です。

オ　Bの一般債権者FがA・B間の仮装売買について善意のときは，Aは，Fに対して，Fの甲土地に対する差押えの前であっても，A・B間の売買の無効を対抗することができない。

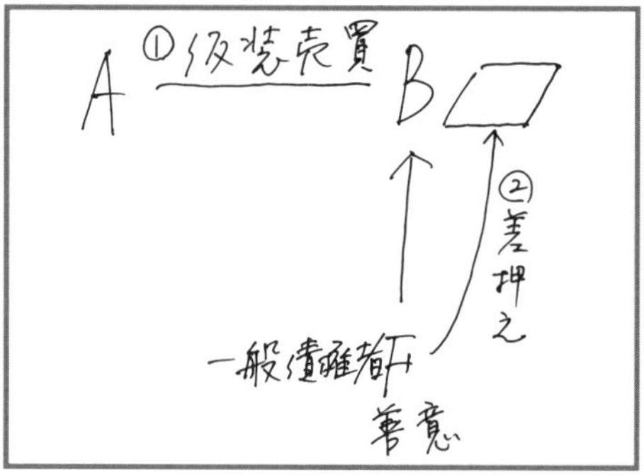

「第三者にあたるケース④（p.12表参照）」にあたるためには，Fが甲土地を差し押えることが必要です。単なるBの債権者（これを「一般債権者」といいます）というだけでは，A・B間の売買契約を前提に新たに独立の法律上の利害関係を持ったことになりません。

関連過去問1

心裡留保および虚偽表示に関する次の記述のうち，民法の規定および判例に照らし，妥当なものはどれか。〔2015年問28抜粋〕

(1)　養子縁組につき，当事者の一方において真に養親子関係の設定を欲する意思がない場合であっても，**相手方がその真意につき善意，無過失であり，縁組の届出手続が行われたときは，その養子縁組は有効**である。

> **養子縁組に心裡留保（93条）の適用はありませんので，縁組意思がないのであれば無効です。**

類題 婚姻あるいは養子縁組などの身分行為は錯誤に基づく取消しの対象とならず，人違いによって当事者間に婚姻または縁組をする意思がないときであっても，やむを得ない事由がない限り，その婚姻あるいは養子縁組は無効とならない。〔2017年問28(3)〕

> 人違いによって当事者間に婚姻または縁組をする意思がないときは無効です（婚姻について742条１号。縁組について802条１号）

(2)　財団法人（一般財団法人）の設立に際して，設立関係者全員の通謀に基づいて，出捐者が出捐の意思がないにもかかわらず一定の財産の出捐を仮装して虚偽の意思表示を行った場合であっても，**法人設立のための当該行為は相手方のない単独行為であるから虚偽表示にあたらず**，財団法人の設立の意思表示は有効である。

> 相手方のない単独行為にも94条は類推適用されますので，この設立の意思表示は無効です。

(3)　土地の仮装譲渡において，仮装譲受人が同地上に建物を建設してその建物を他に賃貸した場合，建物賃借人において土地譲渡が虚偽表示によるものであることについて善意であるときは，**土地の仮装譲渡人はその建物賃借人に対して，土地譲渡の無効を理由として建物からの退去および土地の明渡しを求めることができない。**

> 「第三者にあたらないケース③（p.12表参照）」に該当します。

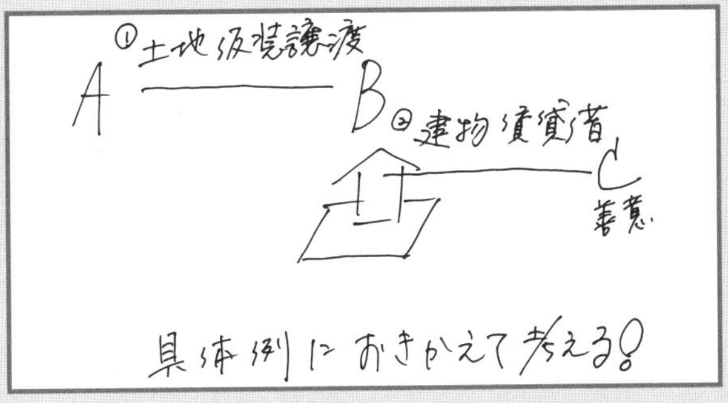

(4)　仮装の売買契約に基づく売買代金債権が他に譲渡された場合，**債権の譲受人は第三者にあたらないため**，譲受人は，譲受債権の発生原因が虚偽表示によるものであることについて善意であっても，買主に対して売買代金の支払を求めることができない。

> 「第三者にあたるケース③（p.12表参照）」に該当します。

関連過去問２

　ＡがＢに対してＡ所有の動産を譲渡する旨の意思表示をした場合に関する次の記述のうち，民法の規定および判例に照らし，妥当なものはどれか。〔2010年問27抜粋〕

⑷　Aが，高額な動産を妻に内緒で購入したことをとがめられたため，その場を取り繕うために，その場にたまたま居合わせたBを引き合いに出し，世話になっているBに贈与するつもりで購入したものだと言って，贈与するつもりがないのに「差し上げます」と引き渡した場合，当該意思表示は原則として有効である。

✎このAの意思表示は心裡留保（93条）にあたります。したがって，原則有効です。

⑸　Aが，差押えを免れるためにBと謀って動産をBに譲渡したことにしていたところ，Bが事情を知らないCに売却した場合，Cに過失があるときには，Aは，Cに対してA・B間の譲渡契約の無効を主張できる。

✎「善意の第三者」（94条2項）にあたるために，過失の有無は問題になりません。また，登記の有無も問題になりません。

関連過去問3

甲土地は実際にはCの所有に属していたが，CがAに無断で甲土地の所有名義人をAとしていた場合において，Aがその事情を知らないBとの間で本件売買契約を締結したときであっても，BはCに対して甲土地の引渡しを求めることができない。

〔2018年問29ア〕

✎このような帰責性が認められる所有権者Cは，Aを所有者だと信頼してその土地を買ったBに対して，自分の所有権を対抗できなくなります（94条2項類推適用）。

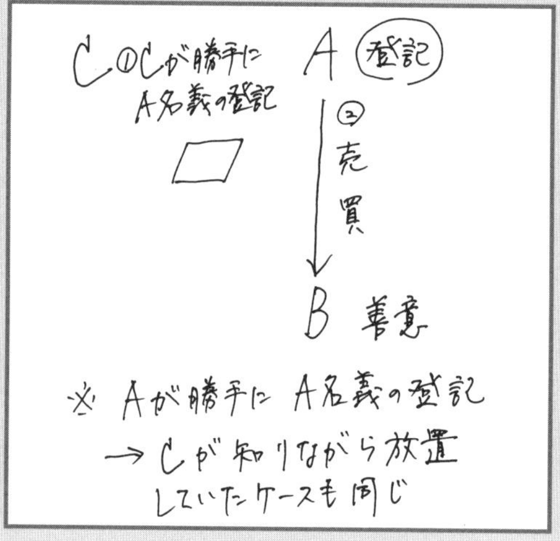

1－3

錯　　誤

見る問ポイント

錯誤による取消しを主張するための要件や動機の錯誤がある場合に，どのような要件の下で取消しの主張が認められるかについて整理しておきましょう。

見る問

▶　錯誤による意思表示に関する次のア～オの記述のうち，民法の規定および判例に照らし，妥当なものはどれか。　〔2013年問27抜粋・改題　答オ〕

ア　法律行為の目的及び取引上の社会通念に照らし重要な錯誤というためには，一般取引の通念にかかわりなく，**当該表意者のみにとって**，法律行為の主要部分につき錯誤がなければ当該意思表示をしなかったであろうということが認められれば足りる。

判例によると，目的及び取引上の社会通念に照らし重要な錯誤にあたるためには，問題文にあるように「当該表意者のみにとって」ではなく，一般の人にとっても法律行為の主要部分につき錯誤がなければ当該意思表示をしなかったであろうということが認められなければいけません。

イ　法律行為の相手方の誤認（人違い）の錯誤については，**売買においてはいわゆる法律行為の重要な錯誤となるが，賃貸借や委任においては法律行為の重要な錯誤とはならない。**

人違いは，売買においては重要な錯誤にあたりませんが，賃貸借や委任のような継続的な法律関係においてはあたります。

ウ　いわゆる動機の錯誤については，表意者が相手方にその動機を意思表示の内容に加えるものとして明示的に表示したときは，その意思表示を取り消すことができるが，**動機が黙示的に表示されるにとどまるときは取り消すことができない。**

法律行為の基礎とした事情についてその認識が真実に反する錯誤（いわゆる動機の錯誤）であって，その錯誤が法律行為の目的及び取引上の社会通念に照らし重要なものであるときは取り消すことができます（95条1項2号）。ただし，その事情が法律行為の基礎とされていることが表示されていることが必要（95条2項）ですが，その表示は明示または黙示の場合を含みます。

類題 離婚に伴う財産分与に際して夫が自己所有の不動産を妻に譲渡した場合において，実際には分与者である夫に課税されるにもかかわらず，夫婦ともに課税負担は専ら妻が負うものと認識しており，夫において，課税負担の有無を重視するとともに，自己に課税されないことを前提とする旨を黙示的に表示していたと認められるときは，錯誤による取消しを主張することができる。 〔2017年問28(5)〕

オ　表意者が錯誤に陥ったことについて重大な過失があったときは，表意者は，原則として自ら意思表示の取消しを主張することができない。この場合には，相手方が，表意者に重大な過失があったことについて主張・立証しなければならない。

表意者に重大な過失があった場合は，原則取り消すことができません（95条3項）。そして表意者に重大な過失があったことは相手方が立証しなければいけませんね。

関連過去問

錯誤等に関する次の記述のうち，民法の規定および判例に照らし，妥当でないものはどれか。〔2017年問28抜粋・改題〕

⑵　売買代金に関する立替金返還債務のための保証において，実際には売買契約が偽装されたものであったにもかかわらず，保証人がこれを知らずに保証契約を締結した場合，売買契約の成否は，原則として，立替金返還債務を主たる債務とする保証契約の重要な内容であるから，保証人は，当該保証契約について錯誤による取消しを主張することができる。

> 保証契約にとって主債務がどのような内容のものであるかは重要です。ですから，この売買契約の成否は保証契約にとって重要な内容であるということができます。したがって，保証人は当該保証契約について錯誤により取消しを主張できます。

⑷　連帯保証人が，他にも連帯保証人が存在すると誤信して保証契約を締結した場合，他に連帯保証人があるかどうかは，通常は保証契約の動機にすぎないから，その存在を特に保証契約の内容とした旨の主張立証がなければ，当該保証契約について錯誤による取消しを主張することができない。

> 保証契約は保証人と債権者の間で成立する契約です。したがって，他に連帯保証人があるかどうかは，保証契約を締結するときの動機にすぎません。ということは，このことが95条１項２号の錯誤にあたるかどうかについて検討しないといけないということです。
> その旨の主張立証は表意者側に求められますので，それがなければ取消しを主張することはできません。

1－4

詐欺・強迫

見る問ポイント

強迫による意思表示は常に取消しができます。一方詐欺による意思表示は取消しの効果を対抗できない場合や，そもそも取消しができない場合がありますね。

また取消権には行使期間制限があることも知っておきましょう。

見る問

▶ Aが自己所有の甲土地をBに売却する旨の契約（以下，「本件売買契約」という。）が締結された。この場合に関する次の記述のうち，民法の規定および判例に照らし，妥当なものはどれか。〔2014年問28改題　答(1)(4)〕

(1)　AはBの強迫によって本件売買契約を締結したが，その後もBに対する畏怖の状態が続いたので取消しの意思表示をしないまま10年が経過した。このような場合であっても，AはBの強迫を理由として本件売買契約を取り消すことができる。

取消権は「追認をすることができる時から５年間」で時効によって消滅します（126条前段）。また「行為の時から20年」でも同様です（126条後段）。この「追認をすることができる時」とは，取消しの原因となっていた状況が消滅した後のことを指します。詐欺の場合であれば，だまされたことに気が付いた後ですし，強迫の場合であれば，畏怖の状態から抜け出した後ですね。

つまりこの問題は，Bに強迫されて意思表示をしたAはその後もずっと畏怖の状態が続いている以上，いまだ取消しの原因となっていた状況が消滅した後に達していません。その結果，「追認をすることができる時から５年間」のカウントはスタートしていないということになります。そして意思表示から10年しか経っていないので「行為の時から20年」にもあたりません。したがって取り消すことはまだ可能です。

類題 Bが A に強迫されて絵画を購入した場合，Bが追認をすることができる時から取消権を５年間行使しないときは，**追認があったものと推定される。** 〔2011年問27エ〕

✎ この場合は，取消権は時効により消滅します（126条前段）。

(2)　AがBの詐欺を理由として本件売買契約を取り消したが，甲土地はすでにCに転売されていた。この場合において，CがAに対して甲土地の所有権の取得を主張するためには，Cは，Bの詐欺につき知らず，かつ知らなかったことにつき過失がなく，また，**対抗要件を備えていなければならない。**

取消前の第三者として保護されるためには，Bの詐欺の事実について善意かつ無過失であることが要件になります（96条３項）。対抗要件を備えている必要はありません。

(3)　AがDの強迫によって本件売買契約を締結した場合，**この事実をBが知らず，かつ知らなかったことにつき過失がなかったときは，AはDの強迫を理由として本件売買契約を取り消すことができない。**

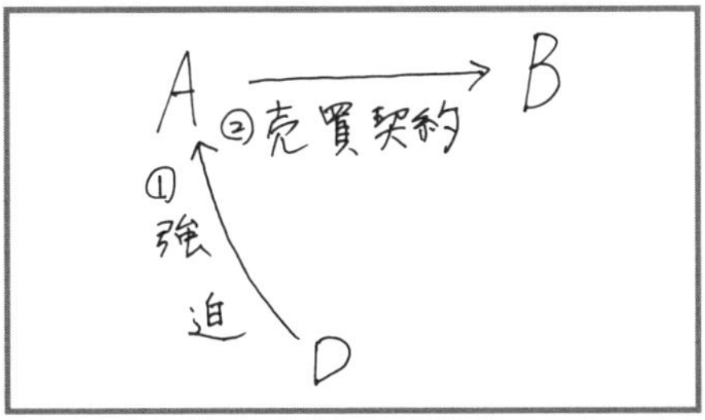

強迫による意思表示はこのような第三者による強迫であっても常に取り消すことが可能です（96条２項反対解釈）。

(4)　AがEの詐欺によって本件売買契約を締結した場合，この事実をBが知っていたとき，または知らなかったことにつき過失があったときは，AはEの詐欺を理由として本件売買契約を取り消すことができる。

ココを見よう

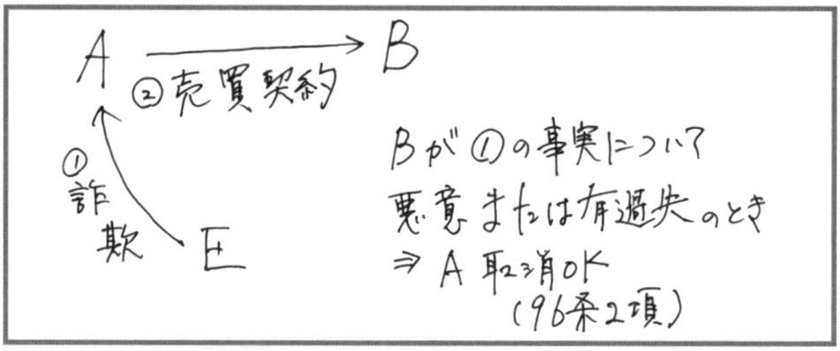

第三者による詐欺については，相手方がその事実を知っていたときまたは知ることができたときに限り取消しができます（96条２項)。

類題 ＡがＢに対してＡ所有の動産を譲渡する旨の意思表示をした。この動産が骨董品であり，Ａが，鑑定人の故意に行った虚偽の鑑定結果に騙された結果，Ｂに対して時価よりも相当程度安価で当該動産を譲渡するという意思表示をした場合，**Ｂがこの事情を知っているか否かにかかわらず，Ａは当該意思表示を取り消すことができない。**〔2010年問27(3)〕

類題 Ａは，Ｂとの間で，Ａ所有の甲土地をＢに売却する旨の契約（以下，「本件契約」という。）を締結したが，Ａが本件契約を締結するに至ったのは，平素からＡに恨みをもっているＣが，Ａに対し，甲土地の地中には戦時中に軍隊によって爆弾が埋められており，いつ爆発するかわからないといった嘘の事実を述べたことによる。Ａは，その爆弾が埋められている事実をＢに伝えた上で，甲土地を時価の２分の１程度でＢに売却した。売買から１年後に，Ｃに騙されたことを知ったＡは，本件契約に係る意思表示を取り消すことができるか。民法の規定に照らし，40字程度で記述しなさい。なお，記述にあたっては，「本件契約に係るＡの意思表示」を「契約」と表記すること。〔2020年問45〕

関連過去問

無効または取消しに関する次の記述のうち，民法の規定および判例に照らし，妥当でないものはどれか。〔2011年問27抜粋〕

ア　BがAに騙されてAから金銭を借り入れ，**CがBの保証人となった場合，CはAの詐欺を理由としてAB間の金銭消費貸借契約を取り消すことができる。**

> 錯誤，詐欺または強迫による取消しをすることができる人は，瑕疵ある意思表示をした者（錯誤があったりだまされたり強迫された本人），その代理人，承継人（たとえば相続人）です（120条2項）。保証人はこれらのいずれにも該当しません。したがって取消しはできません。

イ　BがAに騙されてAから絵画を購入し，これをCに転売した場合，**その後になってBがAの詐欺に気がついたとしても，**当該絵画を第三者に譲渡してしまった以上は，もはやBはAとの売買契約を取り消すことはできない。

> 「詐欺取消前の第三者」の問題のようにみえますが，違います。この問題では，だまされたB自身が購入した絵画をCに転売しています。これは取消しや追認ができる立場の人が，それを行わずに転売したケースですので，これにより「法定追認」となるかが問われています。「法定追認」が成立するためには，追認することができるとき以後に一定の行為が行われていることが必要です。詐欺の場合は，だまされたことに気がついた後ということです。つまり，Bがだまされたことに気がついたにもかかわらず，取消しをせずにCに転売したのであれば，125条5号によって「法定追認」とされます。しかしこの問題では，Bは転売したあとにだまされたことに気がついています。したがって，Bは取消しをすることが可能です。

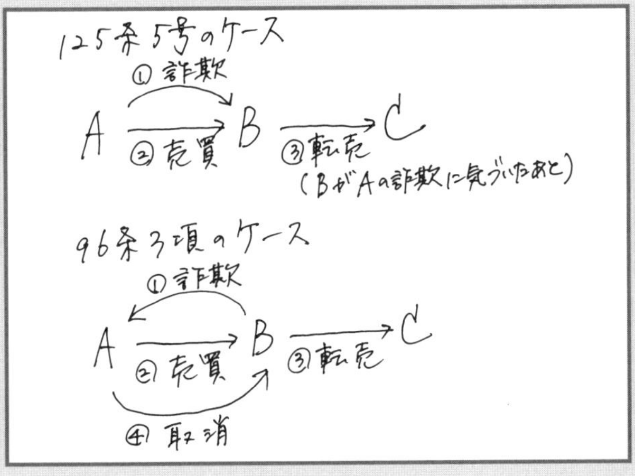

1－5

代理一般

見る問ポイント

101条, 102条, 108条を事例とともにきちんと把握しておきましょう。

見る問

▶ 代理人と使者の違いに関する次の記述のうち，民法の規定および判例に照らし，妥当なものはどれか。　〔2012年問28　答(3)〕

ココを見よう

「二者比較型」の問題です。各選択肢が，似たような概念を比べた内容になっているため，解いていて頭が混乱しやすい点に注意しましょう。一つの解き方として，「代理人」についてのみ全選択肢を検討し，その時点で「妥当ではない」内容となっている選択肢を消去する。そして残った選択肢について「使者」の内容を検討する。このように解いていくと，二つの概念について同時に考えることを避けることができますので，不必要な混乱を避けられます。

(1)　代理人は本人のために法律行為を行う者であるから，代理人としての地位は，法律に基づくもののほかは**必ず委任契約によらなければならない**が，使者は本人の完了した意思決定を相手方に伝達する者であるから，使者の地位は，雇用契約，請負契約など多様な契約に基づく。

ココを見よう

代理権の授与は，委任契約をはじめとして，雇用契約，請負契約等様々な契約に基づいて行うことができます。ですから「必ず委任契約」によらなければならないわけではありません。使者に関する記載は問題ありません。

(2)　代理人は，本人のために法律行為を行う者であるから，代理権の授与のときに意思能力および**行為能力を有することが必要**であるのに対し，使者は，本人の完了した意思決定を相手方に伝達する者であるから，その選任のときに意思能力および行為能力を有することは必要ではない。

任意代理における代理人は行為能力を有する必要はありません（102条本文）。法律行為の効果は本人に帰属し，代理人に不利益が及ばないからです。

一方，被保佐人が未成年者の法定代理人としてした行為のように，制限行為能力者が他の制限行為能力者の法定代理人としてした行為は取り消すことができます（102条ただし書）。使者に関する記載は問題ありません。

(3)　代理人は本人のために自ら法律行為を行うのであるから，代理行為の瑕疵は，代理人について決するが，使者は本人の行う法律行為を完成させるために本人の完了した意思決定を相手方に伝達するにすぎないから，当該意思表示の瑕疵は，本人について決する。

代理行為の瑕疵は代理人について決します（101条1項2項）。たとえば相手方が心裡留保による意思表示をした場合，相手方の意思表示が真意ではないことを知りまたは知ることができたときはその意思表示は無効ですね（93条1項）。その悪意または有過失については代理人について判断します。使者は本人の意思を相手に伝えることしかできませんので，意思表示の瑕疵は本人について決します。

類題 代理人が代理行為につき，相手方に対して詐欺を行った場合，本人がその事実を知らなかったときであっても，相手方はその代理行為を取り消すことができる。
〔2019年問28(1)〕

✎ 代理人が相手方に詐欺を行った場合，取り消すのは相手方です。相手方は本人が詐欺の事実について善意無過失であっても取り消すことができます。
契約の効果は本人に帰属しますので，代理人の詐欺を「第三者による詐欺」と考えることはできません。また相手方の意思表示の問題であり，代理人の意思表示の瑕疵ではないので101条１項は適用できません。もちろん101条２項の問題でもありません。

⑷　代理人は，与えられた権限の範囲で本人のために法律行為を行うのであるから，**権限を逸脱して法律行為を行った場合には，それが有効となる余地はないのに対し**，使者は，本人の完了した意思決定を相手方に伝達するのであるから，**本人の真意と異なる意思を伝達した場合であってもその意思表示を取り消すことができる余地はない。**

ココを見よう

代理人が与えられた権限を逸脱して法律行為を行った場合，相手方がそこまで権限があると信ずべき正当な理由があるのであれば，表見代理が成立します（110条１項）。ですから，有効となる余地はあります。使者の場合，本人の意思を相手に伝えることしかできませんので，本人の真意と異なる意思を伝達した場合，錯誤として取り消すことができる余地があります。

類題 代理人が本人になりすまして，直接本人の名において権限外の行為を行った場合に，相手方においてその代理人が本人自身であると信じ，かつ，そのように信じたことにつき正当な理由がある場合でも，**権限外の行為の表見代理の規定が類推される余地はない。**　〔2019年問28⑶〕

✎ 代理人が直接本人の名で権限外の行為を行った場合は，直接110条の適用対象ではありません。ただ相手方において，本人自身であると信じ，またはそのように信じたことに正当な理由がある場合は，110条を類推適用することで本人への効果帰属を認めた判例があります（最判昭和44年12月19日）。

(5)　代理人は，法律または本人の意思に基づいて本人のために法律行為を行う者であるから，**本人に無断で復代理人を選任することは認められない**のに対し，使者は，単に本人の完了した意思決定を相手方に伝達するにすぎないから，本人に無断で別の者を使者に選任することも認められる。

法律に基づく代理人（法定代理人）は自己の責任で復代理人を選任することができます（105条前段）。一方，本人の意思に基づく代理人（任意代理人）は原則復代理人を選任することはできません。例外的に選任できるのは，本人の許諾を得たときまたはやむを得ない事由があるときに限定されています（104条）。

類題 代理人が本人の許諾を得て復代理人を選任した場合において，復代理人が代理行為の履行として相手方から目的物を受領したときは，**同人はこれを代理人に対してではなく，本人に対して引き渡す義務を負う**。

〔2019年問28(4)〕

✎ 代理人が本人の許諾を得た場合，任意代理であっても復代理人を選任することができます。そして選任された復代理人は，「本人及び第三者に対して，その権限の範囲内において，代理人と同一の権利を有し，義務を負う（106条２項）」とされています。ですから，復代理人が相手方から目的物を受領したときはそれを本人に引き渡す義務を負うのは当然です。そして代理人と復代理人の間で委任契約が締結されている場合，それに基づいて復代理人が代理人に当該目的物を引き渡す義務もまた存在すると考えるのが判例の立場です（最判昭和51年４月９日）。

関連過去問

代理に関する次の記述のうち，民法の規定および判例に照らし，妥当なものはどれか。　〔2009年問27　答(3)〕

(1)　Ａは留守中の財産の管理につき単に妻Ｂに任せるといって海外へ単身赴任したところ，ＢがＡの現金をＡ名義の定期預金としたときは，**代理権の範囲外の行為に当たり，その効果はＡに帰属しない**。

✎ Aは代理権の範囲を定めずにBに代理権を授与しています。この場合，①保存行為，②代理の目的である物または権利の性質を変えない範囲内における利用行為または改良行為をすることができます（103条）。BがAの現金をA名義の定期預金とするのは，利用行為にあたるので，その効果はAに帰属します。

(2) 未成年者Aが相続により建物を取得した後に，Aの法定代理人である母Bが，自分が金融業者Cから金銭を借りる際に，Aを代理して行ったCとの間の当該建物への抵当権設定契約は，**自己契約に該当しないので，その効果はAに帰属する。**

✎ 本問は，利益相反行為にあたります（826条）。にもかかわらず法定代理人BがAを代理して行った行為は無権代理にあたります。したがって，Aに効果は帰属しません。

類題 利益相反行為に関する以下の記述のうち，民法の規定および判例に照らし，妥当なものはどれか。　〔2014年問35　答エ・オ〕

ア　親権者が，共同相続人である数人の子を代理して遺産分割協議をすることは，その結果，**数人の子の間の利害の対立が現実化しない限り，利益相反行為にはあたらない。**

✎ 数人の子の間の利害の対立が現実化していなかったとしても，利益相反行為にあたります。

イ　親権者である母が，その子の継父が銀行から借り入れを行うにあたり，子の所有の不動産に抵当権を設定する行為は，**利益相反行為にあたる。**

✎ 親権者である母と子の間に利害の対立が存在しませんので，利益相反行為ではありません。

ウ　親権者が，自己の財産を，子に対して有償で譲渡する行為は当該財産の価額の大小にかかわらず利益相反行為にあたるから，**その子の成年に達した後の追認の有無にかかわらず無効**である。

✎ 利益相反行為は無権代理行為ですので，子本人が成年に達した後，追認すれば，本人に効力が及びます。

エ　親権者が，自らが債務者となって銀行から借り入れを行うにあたって，子の所有名義である土地に抵当権を設定する行為は，当該行為がどのような目的で行なわれたかに関わりなく利益相反行為にあたる。

✎ 利益相反行為にあたるか否かは，行為の外形から判断すべきであり，親権者の意図は関係ありません。

オ　親権者が，他人の金銭債務について，連帯保証人になるとともに，子を代理して，子を連帯保証人とする契約を締結し，また，親権者と子の共有名義の不動産に抵当権を設定する行為は，利益相反行為にあたる。

✎ 判例はこのような場合，利益相反行為にあたるとしています。

(3)　Ａ所有の建物を売却する代理権をＡから与えられたＢが，自らその買主となった場合に，そのままＢが移転登記を済ませてしまったときには，ＡＢ間の売買契約について，Ａに効果が帰属する。

✎ このような代理行為を自己契約といいます。自己契約は本人の利益を害する危険が高いので，これに違反してなされた自己契約は無権代理として扱われます（108条１項本文）。よって，108条１項ただし書に該当する事実もなくＡの追認もない状態でＡに効果が帰属することはありません。

学習のヒント

このコーナーでは，横溝先生の著書『行政書士　シンプルで最強な合格戦略』から，学習のヒントとして一部をご紹介します。「なにを，いつまでに，どのように？」学習すべきか，これからの学習戦略に役立ててくださいね。

・模試は「ふか習」に意味がある

受験生のなかには，模試を受けた後，その見直しに１週間かけて，結局その間ほかの勉強がほとんどできないという困った状態になってしまう方がいます。

模試は５回くらい受けたほうがよいですが，見直しに時間をかけすぎるのは問題です。本試験の演習という点を除けば，受けることやその見直しをすることに模試の意義があるわけではないのです。

「模試でわかった課題をいかに普段の学習に加えるか。」

ここに，模試の意義があります。このことを私は「ふか習」と呼んでいます。

本書の姉妹書『行政書士試験　見るだけ過去問行政法』には「合格の決め手」として合格者の体験記を掲載しています。合格者の中には，「ふか習」を実践して学習効果が高まった人も多くいますので，ぜひ実践してみてください。

1－6

無権代理

見る問ポイント

無権代理行為に対して，本人，相手方はそれぞれどのような対応をとることができるでしょうか？　また，無権代理と相続の各事例の結論をしっかりと区別できるようになりましょう。

見る問

▶　Aの子Bが，Aに無断でAの代理人としてA所有の土地をCに売却する契約を結んだ。この場合に関する次の記述のうち，民法の規定および判例に照らし，妥当なものはどれか。　〔2008年問28抜粋〕

(1)　CはAが追認した後であっても，この売買契約を**取り消すことができる**。

追認と取消しは早い者勝ちです（115条参照）。したがって，Aが追認をした後にCが取り消すことはできません。

類題　AがBの代理人と称して売却した場合，代理権のないことを知らなかったCがこの売買契約を取り消せば，BはもはやAの代理行為を追認することはできない。　〔2007年問27(3)〕

類題　無権代理行為につき，相手方はこれを取り消すことができるが，この取消しは本人が追認しない間に行わなければならない。

〔2019年問28(5)〕

(2)　Bが未成年者である場合，Aがこの売買契約の追認を拒絶したならば，CはBに対して**履行の請求をすることはできるが，損害賠償の請求をすることはできない。**

無権代理人Ｂが未成年者である以上，Ｃは無権代理人の責任を追及することは一切できません（117条２項３号）。

(5)　Ｃが相当の期間を定めてこの売買契約を追認するかどうかをＡに対して回答するよう催告したが，Ａからは期間中に回答がなかった場合，Ａは追認を拒絶したものと推定される。

「推定する」ではありません。「みなす」ですね（114条）。

類題 無権代理行為につき，相手方が本人に対し，相当の期間を定めてその期間内に追認するかどうかを確答すべき旨の催告を行った場合において，本人が確答をしないときは，追認を拒絶したものとみなされる。

〔2019年問28(2)〕

関連過去問

Ａが所有する甲土地につき，Ａの長男ＢがＡに無断で同人の代理人と称してＣに売却した（以下「本件売買契約」という。）。この場合に関する次の記述のうち，民法の規定および判例に照らし，妥当でないものはどれか。　〔2016年問28　答(3)〕

(1)　Ａが死亡してＢが単独相続した場合，Ｂは本人の資格に基づいて本件売買契約につき追認を拒絶することができない。

> ✎ Ｂの行為は当然有効とされ，追認を拒絶することはできません。

(2)　Ｂが死亡してＡの妻ＤがＡと共に共同相続した後，Ａも死亡してＤが相続するに至った場合，Ｄは本人の資格で無権代理行為の追認を拒絶する余地はない。

> ✎ 無権代理人が本人を相続したのと同じ状態がＤのもとに生じているため追認拒絶はできません。

(3)　Aが本件売買契約につき追認を拒絶した後に死亡してBが単独相続した場合，**Bは本件売買契約の追認を拒絶することができないため，本件売買契約は有効となる**。

類題 Aがこの売買契約の追認を拒絶した後に死亡した場合，BがAを単独相続したとしても無権代理行為は有効にはならない。

〔2008年問28(3)〕

本人Aが生前に追認を拒絶して亡くなった場合は，無権代理行為は当然に有効とはなりません。

(4)　Bが死亡してAが相続した場合，Aは本人の資格において本件売買契約の追認を拒絶することができるが，無権代理人の責任を免れることはできない。

本人のところで，本人の地位と無権代理人の地位が併存すると考えるのが判例の立場です。

(5)　Aが死亡してBがAの妻Dと共に共同相続した場合，Dの追認がなければ本件売買契約は有効とならず，Bの相続分に相当する部分においても当然に有効となるものではない。

類題 Aが追認または追認拒絶をしないまま死亡してBがAを相続した場合，**共同相続人の有無にかかわらず，この売買契約は当然に有効となる**。

〔2008年問28(4)〕

無権代理人が本人を相続した場合，共同相続の場合は，無権代理人の相続分の範囲に相当する部分においても当然に有効とはされません。

無権代理と相続に関する判例の整理

	相続の態様	相続人の対応
無権代理人が本人を相続	単独相続	追認拒絶はできない（無権代理行為は当然有効）。 ※本人が生前に追認拒絶の意思を示して，その後死亡した場合は，追認拒絶できる。
	共同相続	他の共同相続人全員の追認がない限り，無権代理行為は無権代理人の相続分に相当する部分においても当然有効とはならない。
本人が無権代理人を相続	単独相続・ 共同相続	本人の地位に基づき追認拒絶できる。 無権代理人の責任を免れることはできない。
まず無権代理人を相続して，その後本人を相続		追認拒絶はできない（無権代理行為は当然有効）。

1－7

時　効

見る問ポイント

　時効に関する問題は,「総合問題」として出題されます。ですから各制度における時効に関するルールを横断的に整理しておくことが大切です。

見る問

▶　時効に関する次のＡ～Ｅの各相談に関して，民法の規定および判例に照らし,「できます」と回答しうるものはどれか。　〔2009年問28抜粋　答Ｅ〕

Ａの相談：「私は13年前，知人の債務を物上保証するため，私の所有する土地・建物に抵当権を設定しました。知人のこの債務は弁済期から11年が経過していますが，債権者は，４年前に知人が債務を承認していることを理由に，時効は完成していないと主張しています。民法によれば，時効の完成猶予又は更新は当事者及びその承継人の間においてのみその効力を有するとありますが，私は時効の完成を主張して抵当権の抹消を請求できますか。」

「できます」と回答できません。

　Ａは物上保証人です。この物上保証人は145条により被担保債権の消滅時効を援用することが認められています。ただし，被担保債権が債務者の承認により時効が更新された場合（152条１項），物上保証人もその影響を受けるとするのが判例です。

Bの相談：「私は築25年のアパートを賃借して暮らしています。このアパートは賃貸人の先代が誤って甲氏の所有地を自己所有地と認識して建ててしまったものですが，これまで特に紛争になることもなく現在に至っています。このたび，甲氏の相続人である乙氏が，一連の事情説明とともにアパートからの立ち退きを求めてきました。私は賃貸人が敷地の土地を時効取得したと主張して立ち退きを拒否できますか。」

「できます」と回答できません。

賃貸人の敷地の時効取得について，敷地の上の建物の賃借人は時効を援用することはできないとするのが判例です。

類題 Aが，甲土地についての正当な権原に基づかないで乙建物を建て，Cとの間の建物賃貸借契約に基づいて乙建物をCに使用させている場合に，乙建物建築後20年が経過したときには，**Cは，Bに対して甲土地にかかるAの取得時効を援用することができる。** 〔2013年問32ア〕

Dの相談：「私は他人にお金を貸し，その担保として債務者の所有する土地・建物に2番抵当権の設定を受けています。このたび，1番抵当権の被担保債権が消滅時効にかかったことがわかったのですが，私は，私の貸金債権の弁済期が到来していない現時点において，この事実を主張して，私の抵当権の順位を繰り上げてもらうことができますか。」

「できます」と回答できません。

後順位抵当権者は，先順位抵当権者の抵当権の被担保債権の消滅時効を援用することはできません。

類題 乙建物について先順位抵当権者Aの被担保債権につき消滅時効が完成した場合，かかる債権の消滅により後順位抵当権者Bは順位上昇の利益を享受することができるため，**Ｂもその時効を援用することができる。**
〔2011年問28(5)〕

類題 Ａが甲債権の担保としてＢ所有の不動産に抵当権を有している場合，Ａの後順位抵当権者Ｆは，Ａの抵当権の被担保債権の消滅により直接利益を受ける者に該当しないため，甲債権につき消滅時効を援用することができない。
〔2016年問27エ〕

Ｅの相談：「叔父は７年ほど前に重度の認知症になり後見開始の審判を受けました。配偶者である叔母が後見人となっていたところ，今年２月10日にこの叔母が急逝し，同年６月10日に甥の私が後見人に選任されました。就任後調べたところ，叔父が以前に他人に貸し付けた300万円の債権が10年前の６月１日に弁済期を迎えた後，未回収のまま放置されていることを知り，あわてて本年６月20日に返済を求めましたが，先方はすでに時効期間が満了していることを理由に応じてくれません。この債権について返還を求めることができますか。」

「できます」と回答できます。

成年被後見人であった叔父は，持っていた債権の時効完成前６か月以内にあたる「２月10日」に成年後見人である叔母が死亡し，成年後見人がいない状態になっています。このような場合，158条１項は，新しい後見人が就職したときから６か月を経過するまでの間は，すでに時効期間が満了していたとしても，時効は完成していないと扱うとして，成年被後見人の権利を保護しています。

関連過去問１

Ｃは，悪意または有過失であっても，20年間，所有の意思をもって平穏かつ公然とＢの土地を占有継続すれば，Ｃは土地の所有権を時効取得する。
〔2007年問27(2)〕

✎ このように他人の土地と知って占有していた，または知らなかったことに過失がある状態で占有していた場合，20年占有していれば取得時効を援用できます（162条１項）。

一筆の土地の一部について，所有権を時効によって取得することは認められる。

〔2017年問29イ〕

もちろん一筆の土地の一部についても時効取得は可能です。

関連過去問2

Ａの Ｂに対する甲債権につき消滅時効が完成した場合における時効の援用権者に関する次の記述のうち，民法の規定および判例に照らし，誤っているものはどれか。

〔2016年問27抜粋　答ウ・オ〕

ア　Ａが甲債権の担保としてＣ所有の不動産に抵当権を有している場合，物上保証人Ｃは，Ａに対して債務を負っていないが，甲債権が消滅すれば同不動産の処分を免れる地位にあるため，甲債権につき消滅時効を援用することができる。

物上保証人は，被担保債権の消滅時効を援用することが認められています（145条）。

イ　甲債権のために保証人となったＤは，甲債権が消滅すればＡに対して負っている債務を免れる地位にあるため，甲債権につき消滅時効を援用することができる。

保証人は主たる債務の消滅時効を援用することが認められています（145条）。

ウ　Ｂの詐害行為によってＢ所有の不動産を取得したＥは，甲債権が消滅すればＡによる詐害行為取消権の行使を免れる地位にあるが，**このような利益は反射的なものにすぎないため，甲債権につき消滅時効を援用することができない。**

詐害行為の受益者であるＥは，被保全債権が時効で消滅すれば，Ｂの詐害行為で取得した不動産を失わずに済みます。したがって，被保全債権の消滅時効の援用が認められています（判例）。

オ　Ａが甲債権の担保としてＢ所有の不動産に抵当権を有している場合，同不動産をＢから取得したＧは，甲債権が消滅すれば抵当権の負担を免れる地位にあるが，**このような利益は反射的なものにすぎないため，甲債権につき消滅時効を援用することができない。**

抵当不動産の第三取得者は，被担保債権の消滅時効を援用することが認められています（145条）。

類題 保証人や連帯保証人は，主たる債務の消滅時効を援用することはできるが，**物上保証人や抵当不動産の第三取得者は，被担保債権の消滅時効を援用することはできない。** 〔2019年問27エ〕

関連過去問3

時効の援用に関する次の記述のうち，民法の規定および判例に照らし，妥当でないものはどれか。 〔2019年問27抜粋〕

ア　時効による債権の消滅の効果は，時効期間の経過とともに確定的に生ずるものではなく，時効が援用されたときにはじめて確定的に生ずるものである。

> 本肢のような消滅時効も取得時効も，援用があって初めて効果が確定的に生じます（145条参照）。時効制度は道徳的に問題があるという側面もあります。ですから時効の利益を受けるかどうかは，援用できる立場にある人個人の判断に委ねようという趣旨です。

イ　時効の援用を裁判上行使する場合には，事実審の口頭弁論終結時までにする必要がある。

> 裁判上の援用のリミットは，事実審の口頭弁論終結時までです。

ウ　被相続人の占有により取得時効が完成していた場合に，その共同相続人の一人は，自己の相続分の限度においてのみ取得時効を援用することができる。

> アでも指摘したように，時効の利益を受けるかどうかは援用できる立場にある人個人の判断に委ねるのが民法の立場です。したがって時効の援用の効果は相対効と考えるべきでしょう。共同相続人といえども，自己の相続分の限度においてのみ援用できるにとどまります（最判平成13年7月10日）。

関連過去問4

時効等に関する次の記述のうち，民法の規定および判例に照らし，妥当なものはどれか。 〔2011年問28抜粋〕

(1)　A所有の甲土地につき，20年間占有を継続してきたBが取得時効を援用した場合，取得時効の成立を否定するためには，**Aの側において，他主占有事情の立証では足りず，Bの占有が賃貸借など他主占有権原に基づいて開始された旨を立証しなければならない。**

✎ 判例によると，所有の意思に基づく占有であるという推定を覆すためには①占有が他主占有権原に基づいてされた旨，②外形的客観的にみて他人の所有権を排斥し占有する意思を有していなかったものと解される事情（他主占有事情）のいずれかを立証することが必要とされています。

(2)　A所有の乙土地につき，Bが5年間占有した後にCがこれを相続して，さらに10年間占有を継続した時点において，CがBの占有と併合して取得時効を援用した場合，C自身が占有開始時に悪意であったときは，Bが占有開始時に善意であり，かつ無過失であったとしても**時効取得は認められない**。

✎ この場合，前者の占有を併合して取得時効を援用する場合は，起算点の占有者の状態で全体を評価します（判例）。したがってBが善意無過失である以上，全体として善意かつ無過失で15年占有していたと評価することになりますので，時効取得は認められますね。

類題 Aは，甲不動産をその占有者Bから購入し引渡しを受けていたが，実は甲不動産はC所有の不動産であった。BおよびAの占有の態様および期間に関する次の場合のうち，民法の規定および判例に照らし，Aが，自己の占有，または自己の占有にBの占有を併せた占有を主張しても甲不動産を時効取得できないものはどれか。　〔2017年問30　答(3)〕

(1)　Bが悪意で5年間，Aが善意無過失で10年間
(2)　Bが悪意で18年間，Aが善意無過失で2年間
(3)　**Bが悪意で5年間，Aが善意無過失で5年間**
(4)　Bが善意無過失で7年間，Aが悪意で3年間
(5)　Bが善意無過失で3年間その後悪意となり2年間，Aが善意無過失で3年間その後悪意となり3年間

✎ A自身の占有のみで時効取得が認められるケースは，(1)のみです。一方，Bの占有を併せた占有を主張して時効取得が認められるケースは，(2)(4)(5)です。

第2章

物　権

学習のポイント

「物権」は苦手とする受験生が多い分野です。「不動産物権変動」「即時取得」はルールをしっかり把握すること。その他の論点はまず本試験で出題されている分野についてわかるように努めることが大切です。

2－1

物権的請求権

見る問ポイント

物権的請求権に関する問題は近年出題されるようになってきました。

見る問

▶ 物権的請求権等に関する次の記述のうち，民法の規定および判例に照らし，妥当なものはどれか。 〔2017年問31抜粋〕

(1) Aが所有する甲土地の上に，Bが権原なく乙建物を建設してこれをCに譲渡した場合，無権原で乙建物を建設することによってAの土地所有権を侵害したのはBであるから，**AはBに対してのみ乙建物の収去を求めることができる。**

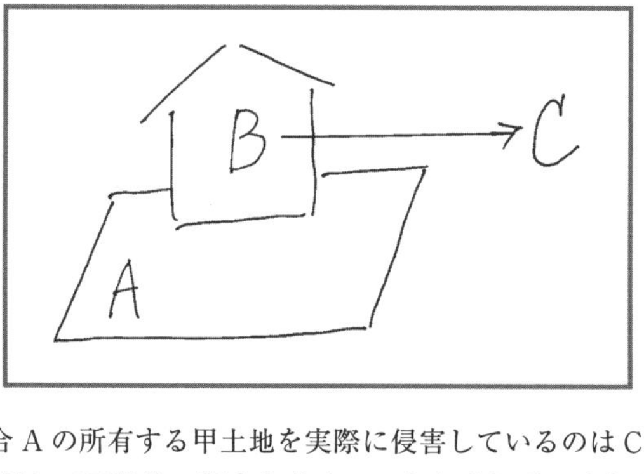

この場合Aの所有する甲土地を実際に侵害しているのはCですから，AはCに対して乙建物の収去を求めていかなければいけません（最判昭和35年6月17日）。

⑸　Dが所有する丙土地の上に，Eが権原なく丁建物を建設し，自己所有名義で建物保存登記を行った上でこれをFに譲渡したが，建物所有権登記がE名義のままとなっていた場合，Dは登記名義人であるEに対して丁建物の収去を求めることができる。

ココを見よう

⑴と比較してほしいのが，この肢です。Dは実際に丙土地を侵害しているFに対して丁建物の収去を求めることができます。これは⑴と共通です。

そして，権原なく丁建物を建設したうえ，自己所有名義の建物保存登記を行ったEがその建物はFに譲渡したものの，登記名義はE名義のままだった場合，DはEに対しても丁建物の収去を求めることができます（最判平成6年2月8日）。

類題 甲土地はAの所有に属していたところ，GがAに無断で甲土地上に建物を築造し，その建物の所有権保存登記をした場合において，本件売買契約により甲土地の所有者となったBは，Gが当該建物の所有権を他に譲渡していたとしても，登記名義がGにある限り，Gに対して当該建物の収去および土地の明渡しを求めることができる。

〔2018年問29オ〕

✎ BはGに対して当該建物の収去および土地の明渡しを求めることができます（最判平成6年2月8日）。

⑶　占有者がその占有を奪われたときは，占有回収の訴えにより，その物の返還を請求することはできるが，**損害の賠償を請求することはできない。**

ココを見よう

占有回収の訴えは，占有を奪われたときから1年以内であれば提起できます（201条3項）。その請求内容は「その物の返還及び損害の賠償」の請求です（200条1項）。

(4) 第三者が賃貸不動産を不法占有している場合，賃借人は，**その賃借権が対抗要件を具備しているか否かを問わず**，その不法占有者に対して，当該不動産の返還請求を行うことができる。

賃借権は債権ですから，賃借人は賃貸人にのみ自己の権利を主張できます。ただ，不動産賃借権は対抗要件を備えることで物権と同じように第三者にも対抗できるようになります（605条，借地借家法10条，31条）。

対抗要件を備えている場合は，不法占有者に対して，賃借権に基づいて当該不動産の返還請求を行うことができます（605条の４第２号）。

2－2

物権変動

見る問ポイント

不動産物権変動は，処理ルールをきちんと理解することが重要です。また取得時効に関する判例もあわせて理解できるようにしましょう。

見る問

▶　不動産の取得時効と登記に関する次の記述のうち，民法の規定および判例に照らし，妥当なものはどれか。〔2013年問28　答(1)〕

(1)　不動産の取得時効の完成後，占有者が登記をしないうちに，その不動産につき第三者のために抵当権設定登記がなされた場合であっても，その占有者が，その後さらに時効取得に必要な期間，占有を継続したときは，特段の事情がない限り，占有者はその不動産を時効により取得し，その結果，抵当権は消滅する。

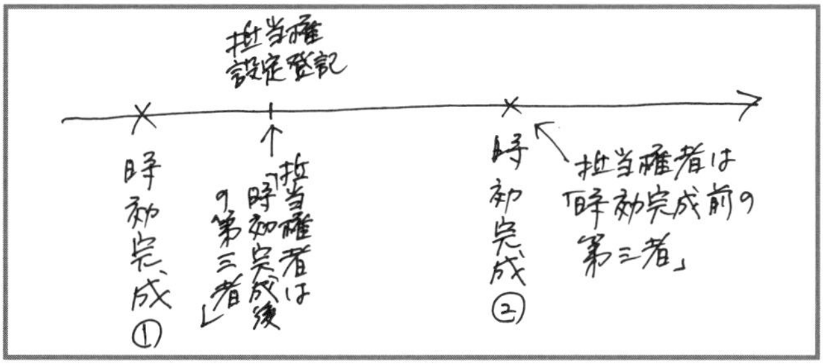

最初の時効完成の時点ではその直後に抵当権登記を経た第三者に対して，登記なくして時効取得により全く負担のない所有権を取得したと主張することはできません。ただ二度目の時効完成のタイミングでは，抵当権者は「時効完成前の第三者」にあたりますので，登記なくして不動産の所有権を時効により原始取得したことを主張できます（判例）。

⑵　不動産を時効により取得した占有者は，取得時効が完成する前に当該不動産を譲り受けた者に対して，**登記がなければ時効取得をもって対抗することができない。**

ココを見よう

「時効完成前の第三者」に対しては，時効により所有権を取得した者は登記なくして時効取得を対抗できます（判例）。

⑶　不動産を時効により取得した占有者は，取得時効が完成した後に当該不動産を譲り受けた者に対して，登記がなければ時効取得をもって対抗することができず，このことは，**その占有者が，その後さらに時効取得に必要な期間，占有を継続したとしても，特段の事情がない限り，異ならない。**

ココを見よう

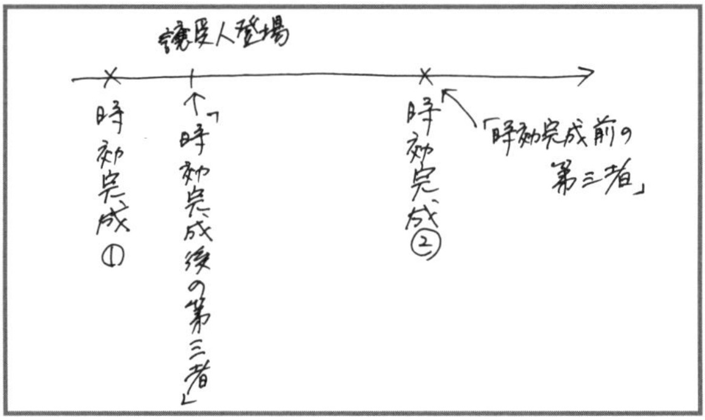

⑴と同じルールで判断できます。つまり，最初の時効完成の時点ではその後に所有権を取得した第三者に対して，登記なくして時効取得により所有権を取得したと主張することはできません。ただ二度目の時効完成のタイミングでは，当該第三者は「時効完成前の第三者」にあたりますので，登記なくして不動産の所有権を時効により原始取得したことを主張できます（判例）。

(4)　不動産の取得時効の完成後，占有者が，その時効が完成した後に当該不動産を譲り受けた者に対して時効を主張するにあたり，**起算点を自由に選択して取得時効を援用することは妨げられない。**

判例は，時効の起算点はあくまでも実際に占有を始めたときに固定する立場をとっています。そもそも起算点を自由に選択できることになると，判例が「時効完成前の第三者」と「時効完成後の第三者」に分けて処理している意味が失われてしまいますね。

(5)　不動産を時効により取得した占有者は，取得時効が完成した後にその不動産を譲り受けて登記をした者に対して，その譲受人が背信的悪意者であるときには，登記がなくても時効取得をもって対抗することができるが，その譲受人が背信的悪意者であると認められるためには，同人が当該不動産を譲り受けた時点において，**少なくとも，その占有者が取得時効の成立に必要な要件を充足していることについて認識していたことを要する。**

判例は，背信的悪意者と認められるためには，占有者が多年にわたり当該不動産を占有している事実を認識しており，占有者の登記の欠缺を主張することが信義に反するものと認められる事情が存在すればよいとしています。つまり，占有者が時効取得の成立に必要な要件を充足していることを認識していることまでは要求していません。

関連過去問1

Ａ・Ｂが不動産取引を行ったところ，その後に，Ｃがこの不動産についてＢと新たな取引関係に入った。この場合のＣの立場に関する次の記述のうち，判例に照らし，妥当でないものはどれか。　〔2008年問29抜粋　答(3)〕

(2)　ＡからＢに不動産の売却が行われた後に，ＡがＢの詐欺を理由に売買契約を取り消したにもかかわらず，Ｂがこの不動産をＣに転売してしまった場合に，Ｃは善意であっても登記を備えなければ保護されない。

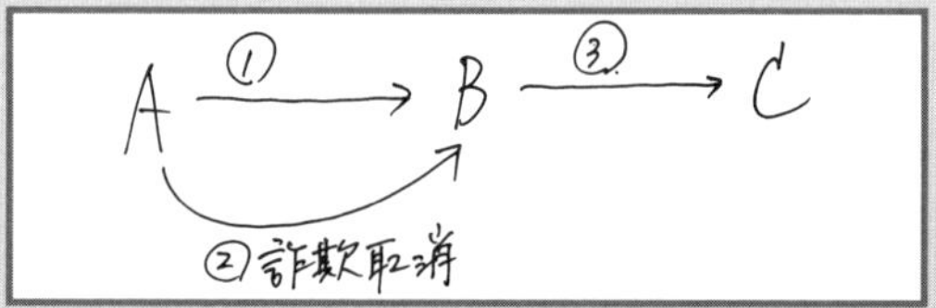

✎ Cは「取消後の第三者」ですね。判例によると，この場合は，取り消したAとBから買ったCは「177条の対抗関係」で処理されます。ですから，Cが保護されるためには，登記を備えることが必要です。

(3)　AからBに不動産の売却が行われ，Bはこれをさらに C に転売したところ，Bに代金不払いが生じたため，AはBに対し相当の期間を定めて履行を催告したうえで，その売買契約を解除した場合に，**Cは善意であれば登記を備えなくても保護される。**

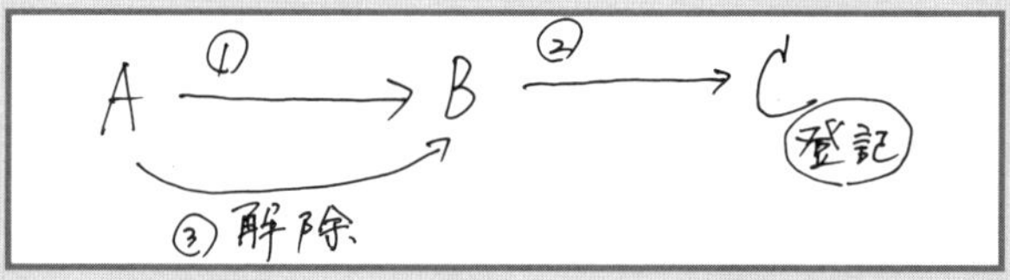

✎ Cは「解除前の第三者」ですね。この場合は，545条1項ただし書で処理します。この規定では「善意」であることは要求されていません。なお判例は，96条3項とのバランスを考えて，登記を備えることを要求しています。

類題 Aが，その所有する土地をBに売却する契約を締結し，その後，Bが，この土地をCに転売した。Bが，代金を支払わないため，Aが，A・B間の売買契約を解除した場合，**C名義への移転登記が完了しているか否かに関わらず**，Cは，この土地の所有権を主張することができる。
〔2013年問31エ〕

✎ この登記は「権利保護要件」として備えることを求められるものですね。

類題 Aが自己所有の事務機器甲（以下，「甲」という。）をBに売却する旨の売買契約（以下，「本件売買契約」という。）が締結されたが，BはAに対して売買代金を支払わないうちに甲をCに転売してしまった。

Ａが甲をまだＢに引き渡していない場合において，Ｂが売買代金を支払わないことを理由にＡが本件売買契約を解除（債務不履行解除）したとしても，Ａは，Ｃからの所有権に基づく**甲の引渡請求を拒むことはできない**。
〔2013年問29(5)〕

✎ Ｃは動産である事務機器甲の「引渡し（178条）」を受けていませんので，この状態で所有権の取得をＡに対して対抗することはできません（判例）。

(4)　ＡからＢに不動産の売却が行われたが，Ｂに代金不払いが生じたため，ＡはＢに対し相当の期間を定めて履行を催告したうえで，その売買契約を解除した場合に，Ｂから解除後にその不動産を買い受けたＣは，善意であっても登記を備えなければ保護されない。

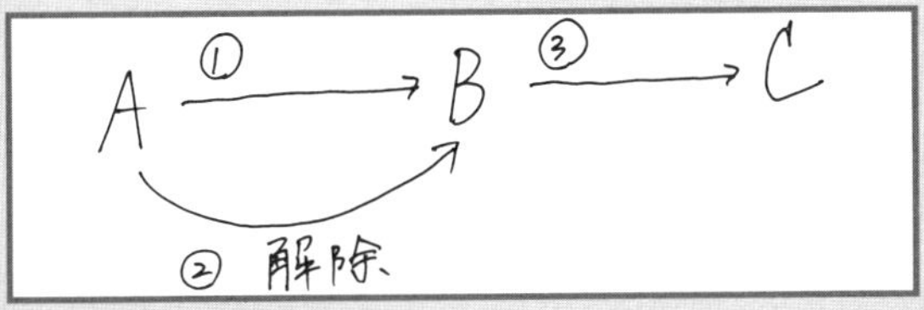

✎ Ｃは「解除後の第三者」ですね。この場合は，解除したＡと解除後の第三者Ｃは「177条の対抗関係」で処理されます。ですから，Ｃが保護されるためには登記を備えることが必要です。

(5)　ＡからＢに不動産の売却が行われ，Ｂはこれをさらにに転売したところ，Ａ・Ｂの取引がＡ・Ｂにより合意解除された場合に，Ｃは善意であっても登記を備えなければ保護されない。

✎ 合意解除のケースですが，法定解除における「解除前の第三者」と同じように考えてかまいません。

関連過去問２

Ａが登記簿上の所有名義人である甲土地をＢが買い受ける旨の契約（以下「本件売買契約」という。）をＡ・Ｂ間で締結した場合に関する次の記述のうち，民法の規定および判例に照らし，妥当なものはどれか。
〔2018年問29抜粋〕

ウ　甲土地が相続によりＡおよびＥの共有に属していたところ，ＡがＥに無断で

Aの単独所有名義の登記をしてBとの間で本件売買契約を締結し，Bが所有権移転登記をした場合において，Bがその事情を知らず，かつ，過失がないときは，**Bは甲土地の全部について所有権を取得する**。

> 🖉 この場合，Bが所有権移転登記をしたとしても，共同相続人Eは自己の法定相続分については登記なくしてBに対抗できます。したがってBが本肢のような事情を知らず，かつ，過失がないときであっても，BはAの相続分に当たる権利のみを取得できるのであって，甲土地全部について所有権を取得することはできません。

エ　甲土地はAの所有に属していたところ，本件売買契約が締結され，B名義での所有権移転の仮登記がされた場合において，Aが甲土地をその事情を知らないFに売却し所有権移転登記をしたときは，Bは本登記をしない限りFに対して所有権の取得を対抗することができない。

> 🖉 B名義でしたのは所有権移転の仮登記ですので，対抗力はありません。ですから，Aが甲土地をFに売却して所有権移転登記をしたときは，Bは本登記をしていない限りFに対して所有権の取得を対抗することはできません。

2－3

動産物権変動

見る問ポイント

動産物権変動について第三者に対抗するためには「引渡し」が必要です（178条）。

見る問

▶　動産物権変動に関する次の記述のうち，民法等の規定および判例に照らし，妥当でないものはどれか。
〔2019年問29抜粋　答(2)〕

(1)　Ａは自己所有の甲機械をＢに譲渡したが，その引渡しをしないうちにＡの債権者であるＣが甲機械に対して差押えを行った。この場合において，Ｂは，差押えに先立って甲機械の所有権を取得したことを理由として，Ｃによる強制執行の不許を求めることはできない。

Ｂは甲機械を取得していますが，引渡しを受けていません。そのため甲機械を差し押えてきたＡの債権者Ｃに対して，自分がその機械の所有者であることを対抗できません。したがって，Ｃによる強制執行の不許を求めることはできません。

(2)　Ｄは自己所有の乙機械をＥに賃貸し，Ｅはその引渡しを受けて使用収益を開始したが，Ｄは賃貸借期間の途中でＦに対して乙機械を譲渡した。ＦがＥに対して所有権に基づいて乙機械の引渡しを求めた場合には，Ｅは乙機械の動産賃借権をもってＦに対抗することができないため，Ｄ・Ｆ間において乙機械に関する指図による占有移転が行われていなかったとしても，**ＥはＦの請求に応じなければならない。**

ココを見よう

指図による占有移転が行われていませんので，Ｆは所有権の取得をＥに対抗できません。したがって，ＥはＦの引渡し請求に応じる必要はありません。

⑶　Ｇは自己所有の丙機械をＨに寄託し，Ｈがその引渡しを受けて保管していたところ，ＧはＩに対して丙機械を譲渡した。この場合に，ＨがＧに代って一時丙機械を保管するに過ぎないときには，Ｈは，Ｇ・Ｉ間の譲渡を否認するにつき正当な利害関係を有していないので，Ｉの所有権に基づく引渡しの請求に応じなければならない。

ココを見よう

ＨはＧ所有の丙機械の寄託を受け，Ｇに代わって一時丙機械を保管するに過ぎないのであれば，178条の「第三者」には該当しません。したがって，Ｉの所有権に基づく引渡しの請求に応じなければなりません。

2－4

即時取得

見る問ポイント

即時取得の要件をきちんと思い出せるようにしておくことが重要です。そのうえで，192条の特例である193条と194条の適用場面の違いについても理解しておきましょう。また194条も，「盗難又は遺失の時から２年間」であることをしっかり押さえておくことも重要です。

見る問

▶　Ａ所有のカメラをＢが処分権限なしに占有していたところ，ＣがＢに所有権があると誤信し，かつ，そのように信じたことに過失なくＢから同カメラを買い受けた。この場合に関する次のア～エの記述のうち，民法の規定および判例に照らし，妥当でないものはどれか。

〔2011年問29　答ア・イ・ウ〕

ア　ＣがＡのカメラを即時取得するのは，Ｂの占有に公信力が認められるからであり，その結果，Ｂがカメラの所有者であったとして扱われるので，Ｃの所有権はＢから**承継取得**したものである。

即時取得が認められた人には，それまでの所有者がその動産に設定していた権利関係が承継されません。つまり新たに所有権が即時取得者のもとに発生することになります。この状態を，「原始取得」と言いますね。

イ　Ｃは，カメラの占有を平穏，公然，善意，無過失で始めたときにカメラの所有権を即時取得するが，その要件としての平穏，公然，善意は推定されるのに対して，**無過失は推定されない**ので，Ｃは無過失の占有であることを自ら立証しなければならない。

ココを見よう

188条により，無過失も推定されるとするのが判例の立場です。取得時効の場合は，無過失までは推定されないことと混同しないように気をつけてください。

ウ　Bは，Cにカメラを売却し，以後Cのために占有する旨の意思表示をし，引き続きカメラを所持していた場合，**Cは，一応即時取得によりカメラの所有権を取得するが**，現実の引渡しを受けるまでは，その所有権の取得は確定的ではなく，後に現実の引渡しを受けることによって確定的に所有権を取得する。

ココを見よう

即時取得が認められるためには，占有を取得することが必要です。占有の取得は，「現実の引渡し（182条１項）」「簡易の引渡し（同条２項）」「指図による占有移転（184条）」は含まれますが，「占有改定（183条）」は含まれません。したがって，カメラをCに売却したBが引き続きカメラを所持している時点では，Cに即時取得は成立しません。

類題 即時取得が成立するためには占有の取得が必要であるが，この占有の取得には，外観上従来の占有事実の状態に変更を来たさない，占有改定による占有の取得は含まれない。〔2020年問28ア〕

エ　Bは，Cにカメラを売却する前にカメラをDに寄託していたが，その後，BがCにカメラを売却するに際し，Dに対して以後Cのためにカメラを占有することを命じ，Cがこれを承諾したときは，たとえDがこれを承諾しなくても，Cは即時取得によりカメラの所有権を取得する。

ココを見よう

ウでも指摘したように，「指図による占有移転（184条）」があれば，即時取得の成立要件を満たしたことになります。

関連過去問

美術商Aは，画廊に保管しておいた自己所有の絵画が盗難に遭い，悔しい思いをしていたが，ある日，Bが運営する個人美術館を訪ねた際，そこに盗まれた絵画が掲げられているのを発見した。Aは，その絵画を回収するため次のような行動をとることを考えている。Bに即時取得が成立しているとして，Aの行動に関する次の記述のうち，正しいものはどれか。ただし，Cは商人ではないものとする。

〔2007年問29　答(3)〕

(1)　Aは，Bから事情を聴いたところ，その絵画は，ある日それまで面識のなかったCがBのもとに持ち込み買取りを求めたものであることがわかった。Aは，**買取りの日から2年以内**であれば，Bに対して，その絵画の買取請求権を行使することができる。

> 盗品の場合は，即時取得の成立要件を満たした人が現れた場合でも，盗難の時から2年間は，所有権が元の所有者のもとにあるとするのが判例の立場です。
> その結果，193条により，元の所有者は所有権に基づき返還請求をすることが認められます。ただし返還請求ができるのは，「盗難の時から2年間」であり「買取りの日から2年以内」ではありません。

(2)　Aは，Bから事情を聴いたところ，その絵画は，ある日それまで面識のなかったCがBのもとに持ち込み買取りを求めたものであることがわかった。Aは，**買取りの日から2年以内であれば**，Bに対して，**保管に要した費用を支払って**，その絵画の引渡しを求めることができる。

> (1)で指摘したように「盗難の時から2年間」です。また所有権に基づき返還請求をすることが認められるので，「保管に要した費用」を支払う必要はありません。

(3)　Aは，Bから事情を聴いたところ，その絵画は，ある日それまで面識のなかったCがBのもとに持ち込み買取りを求めたものであることがわかった。Aは，盗難の日から2年以内であれば，Bに対してまったく無償で，その絵画の引渡しを求めることができる。

> 193条により，Aは盗難の時から2年間は，所有権に基づいて返還請求をすることが認められます。

(4)　Aは，Bから事情を聴いたところ，その絵画はBがオークションで落札したものであることがわかった。Aは，盗難の日から2年以内であれば，**Bに対して保管に要した費用を支払って**，その絵画の引渡しを求めることができる。

> オークションで落札した場合は，194条の「競売」で買い受けたときにあたります。したがって，盗難の時から2年間は，Bが支払った代価（オークションでの落札金額）を弁償することで返還請求をすることができます。

(5)　Aは，Bから事情を聴いたところ，その絵画はBがオークションで落札したものであることがわかった。Aは，**オークションの日から2年を超えても**，Bに対してオークションで**落札した金額と保管に要した費用を支払えば**，その絵画の引渡しを求めることができる。

> (4)で指摘したように，盗難の時から2年間は，Bが支払った代価（オークションでの落札金額）を弁償することで返還請求をすることができます。「オークションから2年」ではありませんし，保管に要した費用を支払う必要もありません。

プラスα

194条は，①競売，②公の市場（お店のことです），③その物と同種の物を販売する商人（行商人など）が，取得のきっかけになっている場合です。それ以外は193条を適用します。

2 − 5

所有権

見る問ポイント

普段あまり勉強しない論点であるかもしれません。ただ「相隣関係」と「所有権の取得」に関する基本的な条文知識は持っていたほうがよいでしょう。

見る問

▶　所有権の原始取得に関する次の記述のうち，妥当なものはどれか。

〔2006年問29抜粋　答(5)〕

(2)　Ａの所有する動産とＢの所有する動産が付合して分離することが不可能になった場合において，両動産について主従の区別をすることができないときには，Ａ と Ｂ は，**当然に相等しい割合でその合成物を共有するものとみなす。**

主従の区別ができないのですから，付合のときにおける価格の割合でその合成物を共有することになります（244条）。当然に相等しい割合で共有するわけではありません。

(3)　Ｂ が Ａ の所持する材料に工作を加えて椅子を完成させた場合に，その椅子の所有権は，**Ａ と Ｂ との取決めに関係なく，Ａ に帰属する。**

付合に関する規定は任意規定です。したがって，Ａ と Ｂ の取決めがあればそれが優先されます。

(4)　Bの所有する動産がAの所有する不動産に従として付合した場合に，AとBは，AとBとの取決めに関係なく，**Aの不動産の価格とBの動産の価格の割合に応じてその合成物を共有する。**

不動産に動産が付合した場合は，原則として，その所有権は不動産の所有者に帰属します（242条）。

(5)　Aは，所有者のいない動産を所有の意思をもって占有を始めた場合に，その動産の所有権を取得する。

239条1項により，所有者のいない動産は，それを所有の意思をもって占有を始めた人にその所有権が帰属します。

関連過去問1

甲土地を所有するAとその隣地の乙土地を所有するBとの間の相隣関係に関する記述のうち，民法の規定に照らし，正しいものはどれか。なお，次の各場合において，別段の慣習は存在しないものとする。〔2015年問29　答(1)〕

(1)　Aは，境界線から1メートル未満の距離において乙土地を見通すことができる窓または縁側（ベランダも含む）を設けることができるが，その場合には，目隠しを付さなければならない。

> 235条1項にこのように規定されています。
> またその距離は，窓または縁側の最も隣地に近い点から垂直線によって境界線に至るまでを測定して算出します（235条2項）。

(2) 甲土地に所在するＡの竹木の枝が境界線を越えて乙土地に侵入した場合に，**Ｂは，自らその枝を切除することができる。**

> ✎ 枝の場合は，その竹木の所有者にその枝を切除させることができるにすぎません（233条１項）。切除する前に移動させる機会を所有者に与えるためです。

(3) 甲土地に所在するＡの竹木の根が境界線を越えて乙土地に侵入した場合に，**Ｂは，その根を切除することはできず，Ａにその根を切除させなければならない。**

> ✎ 根は土地の所有者自ら切除することができます（233条２項）。

(4) ＡおよびＢが甲土地および乙土地を所有する前から甲土地と乙土地の境界に設けられていた障壁は，ＡとＢの共有に属するものと推定されるが，その保存の費用は，Ａ・Ｂ間に別段の約定がない限り，**ＡとＢが，甲土地と乙土地の面積の割合に応じて負担する。**

> ✎ たしかに，この障壁はＡとＢの共有に属するものと推定されます（229条）。そして，この障壁を「囲障」ととらえた場合，相隣者が等しい割合で負担することになります（226条）。いずれにしても，面積の割合に応じて負担するとした規定はありません。

(5) 甲土地内のＡの建物の屋根から雨水が直接に乙土地に注がれる場合に，**Ｂは，その雨水が注がれることを受忍しなければならない。**

> ✎ この場合，ＡはＢの土地に直接に雨水が注ぐ構造の屋根その他の工作物を設けてはならないとされています（218条）。

関連過去問２

土地に生育する樹木について，明認方法を施した上で，土地とは独立した目的物として売却することは認められる。〔2017年問29エ〕

> ✎ 立木の所有権について「明認方法」により対抗力を生じさせることができます。たとえば木の皮を削り，所有者の氏名や住所を書くといった方法です。

2－6

共　有

見る問ポイント

共有者が単独でできる行為はなにか？　保存行為，変更行為，管理行為の違い，分割請求に関するルールについてしっかり理解しておきましょう。

見る問

▶　A，BおよびCが甲土地を共有し，甲土地上には乙建物が存在している。この場合に関する次のア〜オの記述のうち，民法の規定および判例に照らし，正しいものはどれか。〔2016年問29　答イ・オ〕

ア　DがA，BおよびCに無断で甲土地上に乙建物を建てて甲土地を占有使用している場合，Aは，Dに対し，単独で建物の収去および土地の明渡しならびに**土地の占拠により生じた損害全額の賠償**を求めることができる。

共有者はその土地の所有者ですね。ですから，単独で建物の収去および土地の明渡しを求めることはできます。これらは「保存行為」ですね。一方，土地の占拠により生じた損害全額の賠償を求めることはできません。あくまでも共有持分の割合に応じた賠償を求めることができるにすぎません。

イ　Eが，A，BおよびCが共有する乙建物をAの承諾のもとに賃借して居住し，甲土地を占有使用する場合，BおよびCは，Eに対し当然には乙建物の明渡しを請求することはできない。

Ｅが Ａの持分権の範囲内で乙建物を使用しているのであれば，他の共有者であるＢとＣはＥに対し当然に乙建物の明渡しを請求することができません。

ウ　Ｆが賃借権に基づいて甲土地上に乙建物を建てた場合において，Ａ，Ｂおよび Ｃが甲土地の分割協議を行うとするときは，**Ｆに対して分割協議を行う旨を通知しなければならず，通知をしないときは，Ａ，Ｂおよび Ｃの間でなされた分割の合意は，Ｆに対抗することができない。**

このような規定はありません。なお，Ｆが「自己の費用で」分割に参加することは認められています（260条１項）。

エ　Ａが乙建物を所有し居住している場合において，Ａが，Ｂおよび Ｃに対して甲土地の分割請求をしたときは，甲土地をＡに単独所有させ，Ａが，Ｂおよび Ｃに対して持分に相当する価格の賠償を支払う，いわゆる全面的価額賠償の方法によって**分割しなければならない。**

分割はその事案においてもっともよい方法で行えば十分です。今回のケースでも，全面的価格賠償の方法で分割することが義務付けられることはありません。

類題 Ａが，ＢおよびＣに対して，甲土地，乙土地および丙土地の分割を請求した場合において，裁判所は，Ａの申立てがあれば，甲土地，乙土地および丙土地をＡの単独所有とし，**ＢおよびＣに対してＡから各自の持分権の価格を賠償させる方法をとらなければならない。**

〔2010年問29エ〕

オ　A，BおよびCが乙建物を共有する場合において，Aが死亡して相続人が存在しないときは，Aの甲土地および乙建物の持分は，BおよびCに帰属する。

255条の規定によると共有者の一人が死亡して相続人がないときは，その持分は他の共有者に帰属するとされています。

類題 Cには相続人となるべき者はなく，内縁の妻Eと共に生活していたところ，Cが死亡した。この場合，甲土地および乙建物にかかるCの持分は，特別縁故者に当たるEに分与されないことが確定した後でなければ，他の共有者であるAおよびBに帰属しない。

〔2014年問29エ〕

判例は，958条の3の特別縁故者が存在する場合，255条より958条の3が優先して適用されるとしています。

関連過去問1

A・B・Cの3人が，甲土地，乙土地，丙土地のすべてについて，どれも3分の1ずつの持分権をもって共有している場合の共有物分割に関する次の記述のうち，民法の規定及び判例に照らし，妥当なものはどれか。　〔2010年問29抜粋　答イ・ウ〕

ア　各共有者は，いつでも共有物の分割を請求することができるから，たとえA・B・Cの間で5年間の共有物分割禁止の契約があった場合でも**同契約は無効であり**，Aは，BおよびCに対して甲土地，乙土地および丙土地の分割を請求することができる。

256条1項ただし書によると，5年を超えない期間内は分割しない旨の契約をすることは可能です。

類題 Aが死亡し，Aの相続人EおよびFが遺産分割により乙建物を共有することになった場合において，**EおよびFは，相互に5年間は乙建物の分割を請求することはできない。**　〔2006年問30(5)〕

✎5年間の分割禁止特約は可能ですが，そのような特約もなしに，相互に5年間分割請求ができないわけではありません。

イ　Aが，BおよびCに対して，甲土地，乙土地および丙土地の分割を請求した場合において，裁判所は，これらを一括して分割の対象としてAが甲土地，Bが乙土地，Cが丙土地というように各土地を単独所有とする分割方法をとることができる。

✎このような分割方法も可能です。

ウ　Aが，BおよびCに対して，甲土地，乙土地および丙土地の分割を請求した場合において，裁判所は，乙土地および丙土地については共有関係を解消せず，Aに対してのみAの持分権に相当する甲土地を取得させ，乙土地および丙土地はBとCの共有として残すとする分割方法をとることができる。

✎このような分割方法も可能です。

オ　甲土地，乙土地および丙土地についてのBおよびCの共有持分権がDに譲渡された場合には，その旨の移転登記がないときでも，**Aは，BおよびCに対しては甲土地，乙土地および丙土地の分割を請求することはできない。**

✎登記がない以上は，Aは依然としてBとCに持分権が帰属しているとして分割請求をすることができます（判例）。

関連過去問2

A，BおよびCは費用を出し合って，別荘地である甲土地および同地上に築造された乙建物を購入し，持分割合を均等として共有名義での所有権移転登記を行った。この場合に関する以下の記述のうち，民法の規定および判例に照らし，妥当でないものはどれか。〔2014年問29抜粋　答イ〕

ア　甲土地および乙建物にかかる管理費用について，AおよびBはそれぞれの負担部分を支払ったが，資産状況が悪化したCはその負担に応じないため，AおよびBが折半してCの負担部分を支払った。この場合，Cが負担に応ずべき時から1年以内に負担に応じない場合には，AおよびBは，相当の償金を支払ってCの持分を取得することができる。

✎253条2項により，このような対処が認められています。

イ　Cが甲土地および乙建物にかかる自己の持分をDに譲渡し，その旨の登記がなされたが，ＣＤ間の譲渡契約は錯誤により取り消しができるものであった。この場合，ＡおよびＢは，自己の持分が害されているわけではないので，**単独でＤに対してＣＤ間の移転登記の抹消を求めることはできない。**

> ✎ このような権利の実体に合わない登記の抹消請求は単独で可能であるとするのが判例です。

2－7

用益物権

見る問ポイント

用益物権の中で，特に地役権は重要度が高いです。囲繞地（いにょうち）通行権との対比や時効との関係を中心に，制度をきちんと理解しましょう。

見る問

▶　A所有の甲土地とB所有の乙土地が隣接し，甲土地の上にはC所有の丙建物が存在している。この場合における次の記述のうち，民法の規定および判例に照らし，妥当なものはどれか。　〔2019年問30抜粋　答イ・オ〕

ア　Bが，甲土地に乙土地からの排水のための地役権をA・B間で設定し登記していた場合において，CがAに無断で甲土地に丙建物を築造してその建物の一部が乙土地からの排水の円滑な流れを阻害するときは，Bは，**Cに対して地役権に基づき丙建物全部の収去および甲土地の明渡しを求めることができる。**

排水のための地役権をA・B間の契約で取得したBはA所有の土地を排水目的で利用することはできます。ただ，地役権はAの土地を利用することができるだけであり，占有するための権原ではありません。そのため，BはCに対して地役権に基づき丙建物全部の収去および甲土地の明渡しを求めることはできません。

イ　A・B間で，乙土地の眺望を確保するため，甲土地にいかなる工作物も築造しないことを内容とする地役権を設定し登記していた場合において，Cが賃借権に基づいて甲土地に丙建物を築造したときは，Bは地役権に基づき建物の収去を求めることができる。

ココを見よう

眺望を確保するための地役権設定ももちろん可能です。そして登記もしていますので，Cに対してBは地役権に基づき建物の収去を求めることができます。

ウ　甲土地が乙土地を通らなければ公道に至ることができない，いわゆる袋地である場合において，Cが，Aとの地上権設定行為に基づいて甲土地に丙建物を建築し乙土地を通行しようとするときは，Cは，甲土地の所有者でないため，**Bとの間で乙土地の通行利用のため賃貸借契約を結ぶ必要がある。**

ココを見よう

甲土地が袋地にあたるということは，甲土地の所有者Aは隣地通行権を行使して，当然に乙土地を通行することができます（210条1項）。

そして，この相隣関係に関する210条1項の規定は，地上権者と土地の所有者との間に準用できます（267条）。つまり，地上権者のCはB所有の乙土地を当然に通行できますので，賃貸借契約を結ぶ必要はありません。

オ　Cが，地上権設定行為に基づいて甲土地上に丙建物を築造していたところ，期間の満了により地上権が消滅した場合において，Aが時価で丙建物を買い取る旨を申し出たときは，Cは，正当な事由がない限りこれを拒むことができない。

ココを見よう

Cは地上権が消滅した場合において，土地を原状に復して建物を収去することができます（269条1項本文）。ただし土地の所有者Aが時価で丙建物を買い取る旨を申し出たときは，Cは正当な事由がない限りこれを拒むことはできません（269条1項ただし書）。

関連過去問1

甲土地を所有するAは，甲土地に隣接するB所有の乙土地を通行している。この場合に関する次の記述のうち，民法の規定および判例に照らし，妥当なものはどれか。
〔2012年問29　答(2)〕

(1)　甲土地が乙土地に囲まれて公道に通じていない場合，AがBに対して囲繞地通行権を主張するためには，**Aは甲土地の所有権の登記を具備していなければならない。**

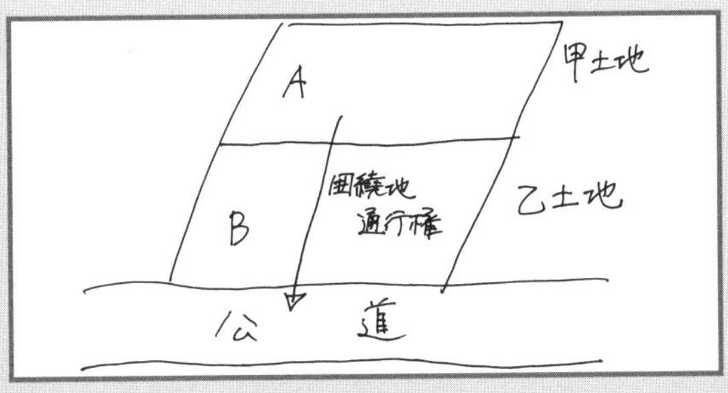

囲繞地通行権とは，210条1項に規定されている「他の土地に囲まれて公道に通じない土地」の通行権のことをいいます。囲繞地通行権はその土地の状態について認められるものです。したがって，所有権の登記の具備は要求されません（判例）。

(2)　甲土地と乙土地は元々一筆の土地であったが，分筆によって他の土地に囲まれて公道に通じていない甲土地が生じ，これによりAが乙土地に対する無償の囲繞地通行権を有するに至った場合において，その後に乙土地がCに売却されたとしても，Aは当然にCに対してこの通行権を主張することができる。

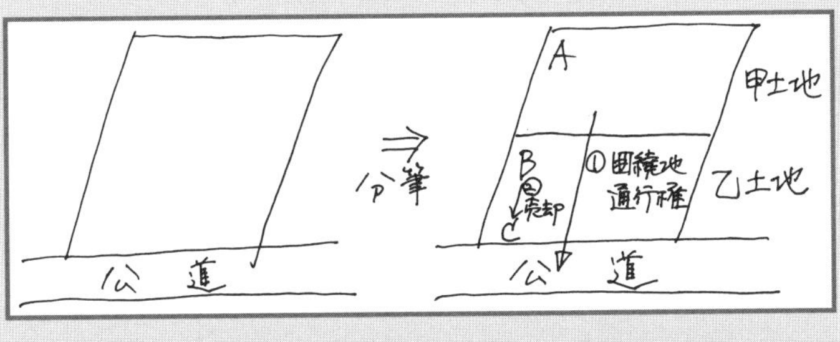

もちろん主張できます（判例）。「一筆」は土地の数を表す単位です。「一筆」の土地を分割することを「分筆」といいます。

(3) ＡがＢとの間の賃貸借契約に基づいて乙土地を通行している場合において，その後に甲土地がＣに売却されたときは，**これによりＣも当然に乙土地を通行することができる。**

> 🖉 賃貸借契約により乙土地を通行している場合は，契約当事者ではないＣに対してはＡは賃貸借契約の存在を主張することはできません。

(4) Ａは，少なくとも20年にわたって，自己のためにする意思をもって，平穏，かつ，公然と乙土地の一部を通行していれば，**Ａ自らが通路を開設していなくても，乙土地上に通行地役権を時効取得することができる。**

> 🖉 283条において「地役権は，継続的に行使され，かつ，外形上認識することができるものに限り，時効によって取得することができる」と規定されています。「継続的に行使され」とは，承役地上に通路が開設されること，しかもその通路は要役地所有者によってなされることが必要です。

類題 地役権は，継続的に行使され，かつ，外形上認識することができるものに限り，時効によって取得することができる。〔2017年問29オ〕

(5) Ａが地役権に基づいて乙土地の一部を継続的に通路として使用している場合において，その後にＣが通路の存在を認識しながら，または認識可能であるにもかかわらず認識しないでＢから乙土地を承継取得したときは，**Ｃは背信的悪意者にあたるので，**Ａの地役権設定登記がなされていなくても，ＡはＣに対して通行地役権を主張することができる。

> 🖉 通行地役権も物権ですから第三者に対抗するためには登記が必要です。ただ，第三者が通路の存在を認識しながら，または認識可能であるにもかかわらず認識しないで承役地を承継取得した場合には，地役権の登記がなくても，地役権者は地役権の存在を主張できます（判例）。ただ，判例は，その第三者が「背信的悪意者」にあたるとはしていません。

関連過去問2

甲土地に隣接する丙土地について，甲土地からの観望を損ねるような工作物を築造しないことを内容とする地役権が設定され，登記されていた。この場合，**甲土地共有者の一人であるAは，自己の持分については，単独で同地役権を消滅させることができるが，同地役権の全部を消滅させることはできない。**〔2014年問29ウ〕

> 282条1項はAのような土地の共有者は，その持分につきその土地のために存する地役権を消滅させることはできないと規定しています。

関連過去問3

他人の土地の地下または空間の一部について，工作物を所有するため，上下の範囲を定めて地上権を設定することは**認められない。**〔2017年問29ア〕

> 地上権の目的はなにも「地上」だけではありません。地下や空間も工作物を所有するため上下の範囲を定めて地上権の目的とすることができます（269条の2第1項）。

2－8

留置権

見る問ポイント

留置権の成立要件，消滅事由，同時履行の抗弁との比較を中心に学習しましょう。

見る問

▶ 留置権に関する次の記述のうち，民法の規定および判例に照らし，妥当でないものはどれか。

〔2015年問30抜粋　答(2)〕

(1)　Aは自己所有の建物をBに売却し登記をBに移転した上で，建物の引渡しは代金と引換えにすることを約していたが，Bが代金を支払わないうちにCに当該建物を転売し移転登記を済ませてしまった場合，Aは，Cからの建物引渡請求に対して，Bに対する代金債権を保全するために留置権を行使することができる。

同時履行の抗弁と異なり，留置権は物権ですので，AはBのみならずCに対しても留置権を行使することは可能です。

類題 Aが甲をまだBに引き渡していない場合において，CがAに対して所有権に基づいてその引渡しを求めたとき，Aは，Bから売買代金の支払いを受けていないときは，留置権を行使してこれを拒むことができる。

〔2013年問29(4)〕

(2)　Aが自己所有の建物をBに売却し引き渡したが，登記をBに移転する前にCに二重に売却しCが先に登記を備えた場合，Bは，Cからの建物引渡請求に対して，Aに対する損害賠償債権を保全するために留置権を行使することができる。

(3)　AがC所有の建物をBに売却し引き渡したが，Cから所有権を取得して移転することができなかった場合，Bは，Cからの建物引渡請求に対して，Aに対する損害賠償債権を保全するために留置権を行使することはできない。

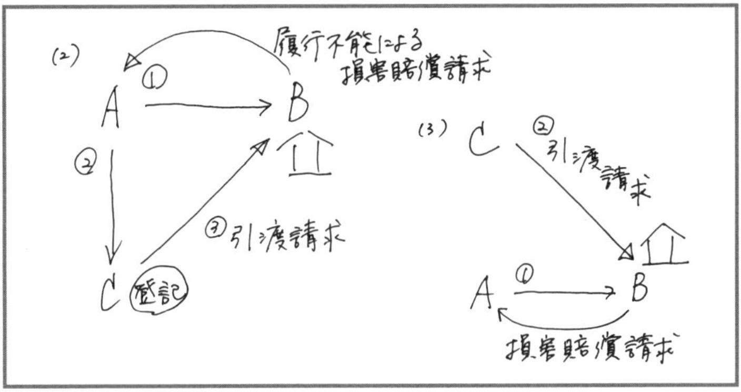

(2)(3)ともCの引渡請求権とBの損害賠償請求権は発生原因が異なっており，Bの請求権は「その物に関して生じた債権」にはあたりません。したがって，Bは留置権を行使することはできません。

(4)　Aが自己所有の建物をBに賃貸したが，Bの賃料不払いがあったため賃貸借契約を解除したところ，その後も建物の占有をBが続け，有益費を支出したときは，Bは，Aからの建物明渡請求に対して，Aに対する有益費償還請求権を保全するために留置権を行使することはできない。

Bは賃貸借契約をAに解除された後も占有し，有益費を支出しています。つまり不法占拠状態に陥ったあとに費用を支出していることになります。この場合，判例によると，この費用償還請求権を被担保債権とする留置権の行使は認められません（295条2項類推適用）。

関連過去問1

Ａは自己所有の甲機械（以下「甲」という。）をＢに賃貸し（以下，これを「本件賃貸借契約」という。），その後，本件賃貸借契約の期間中にＣがＢから甲の修理を請け負い，Ｃによる修理が終了した。ＣがＢに対して甲を返還しようとしたところ，Ｂから修理代金の提供がなかったため，Ｃは甲を保管することとした。Ｃが甲を留置している間は留置権の行使が認められるため，**修理代金債権に関する消滅時効は進行しない。** 〔2017年問33(2)〕

> 留置権の行使は被担保債権の消滅時効の進行を妨げません（300条）。したがって修理代金債権に関する消滅時効は進行します。

関連過去問2

留置権が成立するためには他人の物を占有することが必要であるが，この占有には，債務者を占有代理人とした占有は含まれない。 〔2020年問28イ〕

> 留置権は目的物を被担保債権の債権者が留置することで，間接的にプレッシャーをかけて弁済を促すものです。ですから，債務者を占有代理人とした占有は認められません。

2－9

先取特権

見る問ポイント

一般先取特権と動産先取特権（特に不動産賃貸，保存，売買）については，発生原因と優先順位をきちんと理解しておきましょう。また物上代位についても主要な判例の理解は必須です。

見る問

▶ 物上代位に関する次の記述のうち，民法の規定および判例に照らし，誤っているものはどれか。〔2014年問30抜粋〕

(3) 動産売買の先取特権に基づく物上代位につき，動産の買主が第三取得者に対して有する転売代金債権が譲渡され，譲受人が第三者に対する対抗要件を備えた場合であっても，**当該動産の元来の売主は，第三取得者がその譲受人に転売代金を弁済していない限り，当該転売代金債権を差し押さえて物上代位権を行使することができる。**

ココを見よう

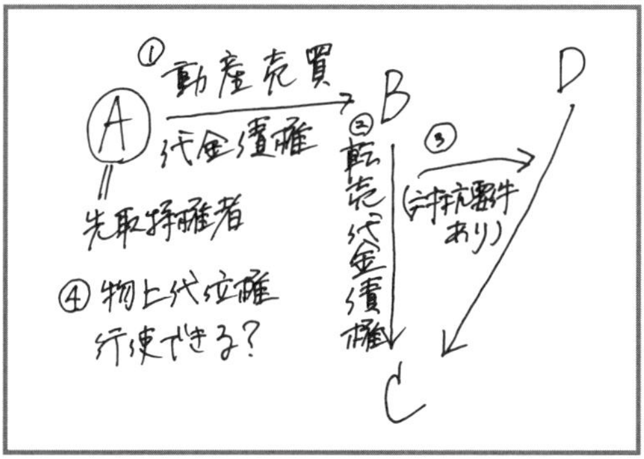

判例は，動産売買の先取特権に基づく物上代位につき，動産の買主が第三取得者に対して有する転売代金債権が譲渡され，譲受人が第三

者に対する対抗要件を備えた場合について，もはや動産先取特権に基づく物上代位はできないとしています。動産先取特権の場合は公示方法がないため，第三者が債権譲渡の対抗要件を備えた場合，そちらが優先することになるのです。

類題対抗要件を備えた抵当権者は，物上代位の目的債権が譲渡され，譲受人が第三者に対する対抗要件を備えた後であっても，第三債務者がその譲受人に対して弁済する前であれば，自ら目的債権を差し押さえて物上代位権を行使することができる。〔2014年問30(1)〕

抵当権の場合は，登記という公示方法があります。したがって，債権譲渡があり，譲受人が対第三者対抗要件を備えたとしても，抵当権者は物上代位権を行使することができます（判例）。

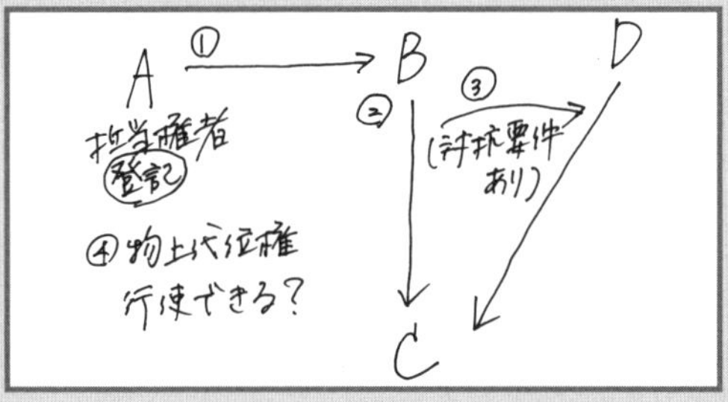

なお，判例の立場によると，抵当権者が物上代位権を行使するのに，払渡しまたは引渡しの前に差押えを必要としている（304条1項ただし書）のは，二重弁済の危険から第三債務者（C）を保護するためだとされています。

(4) 動産売買の先取特権に基づく物上代位につき，買主がその動産を用いて第三者のために請負工事を行った場合であっても，当該動産の請負代金全体に占める価格の割合や請負人（買主）の仕事内容に照らして，請負代金債権の全部または一部をもって転売代金債権と同視するに足りる特段の事情が認められるときは，動産の売主はその請負代金債権を差し押さえて物上代位権を行使することができる。

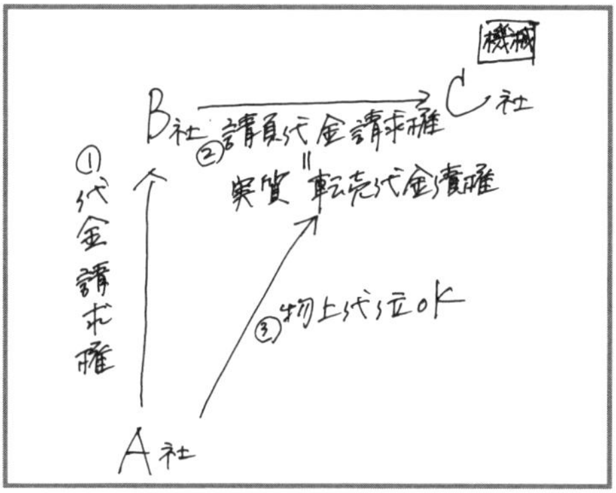

A社がB社との間で，ある機械の売買契約を1,575万円で締結し，B社はその機械をC社の工場に設置する旨の請負契約を2,080万円で締結したケースについて争われたものがあります。判例はこの2,080万円の約8割は機械代金分に相当したため，この請負代金請求権は転売代金債権と同視するに足りる特段の事情があるとしました。したがって，A社はB社がC社に対して有する請負代金請求権を差し押さえて物上代位権を行使することができます。

関連過去問1

Aは，Bから建物（以下，本件建物という）を賃借し，Aは，その建物内に電気製品（以下，本件動産という）等を備え付けている。Bの先取特権に関する次の記述のうち，誤っているものはいくつあるか。　〔2007年問30　答3つ〕

ア　本件動産がCの所有物である場合に，本件動産について，**Bは，先取特権を即時取得することはできない。**

> ✎ **Bは不動産賃貸の先取特権を取得しています。したがって，BはAが建物内に備え付けた電気製品等に対して先取特権を行使できます。このとき他人の動産が含まれていても，319条により先取特権の即時取得が認められています。**

類題 Aは自己所有の甲機械（以下「甲」という。）をBに賃貸し（以下，これを「本件賃貸借契約」という。），その後，本件賃貸借契約の期間中にCがBから甲の修理を請け負い，Cによる修理が終了した。CはBに対して甲を返還したが，Bが修理代金を支払わない場合，Cは，Bが占有する甲につき，**動産保存の先取特権を行使することができる。**

〔2017年問33(3)〕

> ✎ 動産保存の先取特権は，修理した目的物が債務者所有の場合にのみ成立します。BがCに修理を依頼した甲機械は，Aの所有物ですので，Cは動産保存の先取特権を行使することはできません。

イ　Aが本件動産をCから買ったが，まだCに対して代金の支払いがない場合において，**本件動産についてCの先取特権がBの先取特権よりも優先**する。

> ✎ 動産売買の先取特権と不動産賃貸の先取特権では，不動産賃貸の先取特権の方が優先順位は上です（330条1項）。

ウ　Aがその所有物である本件動産をDに売って引き渡した場合に，本件動産について，Bは，先取特権を行使することはできない。

類題 Aが自己所有の事務機器甲（以下，「甲」という。）をBに売却する旨の売買契約が締結されたが，Bは A に対して売買代金を支払わないうちに甲をCに転売してしまった。Aが甲をすでにBに引き渡しており，さらに**BがこれをCに引き渡した場合であっても**，Aは，Bから売買代金の支払いを受けていないときは，**甲につき先取特権を行使することができる。**

〔2013年問29(1)〕

> ✎ 動産先取特権には追及効がありません（333条）。したがって，ウのBも類題のAも，動産が引き渡されたあとは，先取特権を行使することができません。

類題 先取特権の目的動産が売買契約に基づいて第三取得者に引き渡されると，その後は先取特権を当該動産に対して行使できないこととなるが，この引渡しには，現実の移転を伴わない**占有改定による引渡しは含まれない。**

〔2020年問28ウ〕

> ✎ この引渡しには「占有改定」は含まれます。

エ　Aがその所有物である本件動産をDに売った場合に，Aの取得する売買代金について，Bは，Dの支払い前に差押えをすれば，先取特権を行使することができる。

> ✎ これが物上代位ですね（304条）。

オ　Ａが，Ｂの承諾を得て，本件建物をＥに転貸した場合に，**Ｂの先取特権は，Ｅの備え付けた動産には及ばない。**

✎ 314条により，転借人の備え付けた動産にも及びます。

関連過去問２

同一の不動産について不動産保存の先取特権と不動産工事の先取特権が互いに競合する場合，**各先取特権者は，その債権額の割合に応じて弁済を受ける。**

〔2016年問30(5)〕

✎ 不動産先取特権の優先順位は，①保存，②工事，③売買の順（「ホコーバイ」と覚えましょう）です（331条，325条）。

学習のヒント

このコーナーでは，横溝先生の著書『行政書士　シンプルで最強な合格戦略』から，学習のヒントとして一部をご紹介します。「なにを，いつまでに，どのように？」学習すべきか，これからの学習戦略に役立ててくださいね。

・直前期に飛躍的に伸びる人がやっていること

民法の場合は，５肢択一の問題単位できちんと解く練習をしたほうがよいでしょう。

たとえば，「詐害行為取消権」に関する問題を解いて間違えた場合，同じ論点が問われている過去問にも目を通すことをおすすめします。

民法の過去問は手を付けるタイミングがなかなか難しいです。初めて民法を学習している人がいきなり学んだ範囲の過去問題を解けるかというと，それはなかなか厳しいでしょう。かといって，選択肢単位で見てもあまり勉強にならないものが多いのです。

ということで，おすすめなのは，あと50日という直前期に学習スケジュールに合わせて，過去問も「ふか習」していくことです。

民法について全体的に学習をし，問題もあれこれ解いた時期だからこそわかることもあるのです。もちろんもっと早い段階で見てもかまいませんが，本格的に自分の学習の中にと入り入れることができるベストタイミングはこの時期でしょ！　というイメージですね。

2 −10

質　　権

見る問ポイント

2019年に2000年以降初めて質権に関する問題が出されました。

見る問

▶ 質権に関する次の記述のうち，民法の規定および判例に照らし，妥当でないものはどれか。 〔2019年問31　答(4)〕

(1) 動産質権者は，継続して質物を占有しなければ，その質権をもって第三者に対抗することができず，また，質物の占有を第三者によって奪われたときは，占有回収の訴えによってのみ，その質物を回復することができる。

動産質の対抗要件は「占有の継続」です（352条）。そして占有している質物を質権設定者以外の第三者に奪われたときは，占有回収の訴えによってのみ回復することができます（353条）。

(2) 不動産質権は，目的不動産を債権者に引き渡すことによってその効力を生ずるが，不動産質権者は，質権設定登記をしなければ，その質権をもって第三者に対抗することができない。

不動産質も動産質と同じように，債権者にその目的物を引き渡すことによって，その効力を生ずるとされます（344条）。そして不動産質の対抗要件は登記です。

類題 質権が成立するためには目的物の引渡しが必要であるが，この引渡しには，設定者を以後，質権者の代理人として占有させる，占有改定による引渡しは含まれない。〔2020年問28エ〕

344条の「引渡し」には占有改定は含まれません。それは「質権者は，質権設定者に，自己に代わって質物の占有をさせることができない（345条）」という規定からも明らかです。

⑶　債務者が他人の所有に属する動産につき質権を設定した場合であっても，債権者は，その動産が債務者の所有物であることについて過失なく信じたときは，質権を即時取得することができる。

ココを見よう

即時取得により取得できるのは，所有権と質権です。

⑷　不動産質権者は，**設定者の承諾を得ることを要件として**，目的不動産の用法に従ってその使用収益をすることができる。

ココを見よう

不動産質権者は，質権の目的である不動産の用法に従い，その使用及び収益をすることができます（356条）。設定者の承諾は必要ありません。

⑸　質権は，債権などの財産権の上にこれを設定することができる。

ココを見よう

質権は，財産権をその目的とすることができます（362条１項）。

2－11

抵当権

見る問ポイント

抵当権は担保物権の中でも出題頻度の高い論点です。近年は根抵当権についても基本知識が問われています。その他，法定地上権や物上代位に関する判例知識はしっかり理解しておく必要があります。

見る問

▶ 抵当権の効力に関する次の記述のうち，民法の規定および判例に照らし，妥当なものはどれか。

〔2018年問30抜粋　答(3)〕

(1) 抵当権の効力は抵当不動産の従物にも及ぶが，抵当不動産とは別個に**従物について対抗要件を具備しなければ，その旨を第三者に対して対抗することができない。**

抵当権設定当時に抵当不動産に対して従物の関係にあった物については，対抗要件の有無にかかわらず抵当権の効力が及びます（87条2項参照）。

(2) 借地上の建物に抵当権が設定された場合において，その建物の抵当権の効力は，**特段の合意がない限り借地権には及ばない。**

借地権は借地上の建物に対して従たる権利にあたります。したがって，原則として抵当権の効力は借地権にも及びます。

(3)　買戻特約付売買の買主が目的不動産について買主の債権者のために抵当権を設定し，その旨の登記がなされたところ，その後，売主が買戻権を行使した場合，買主が売主に対して有する買戻代金債権につき，上記抵当権者は物上代位権を行使することができる。

買戻し特約付きの売買契約における買主から目的不動産について抵当権の設定を受けた者は，抵当権に基づく物上代位権の行使として，買戻権の行使により買主が取得した買戻代金債権を差し押えることができます（判例）。

「買戻し特約」とは，不動産の売買契約と同時にすることで，一定期間内に代金と契約の費用を売主側が返還すれば，契約を解除できるという特約です（579条）。これにより，表向きは売買契約ですが，実質はその不動産を担保に融資を売主が買主から受けることができます。「買主が取得した買戻代金債権」というのは，返還期限が到来したことで，買主が売主に「代金と契約の費用」を請求することができる権利を指します。これは実質的にはその不動産の価値の代替物と考えられますので，物上代位の対象になると判断されたのです。

(5)　抵当権者が，被担保債権について利息および遅延損害金を請求する権利を有するときは，抵当権者は，**原則として，それらの全額について優先弁済権を行使することができる。**

375条1項本文では「抵当権者は，利息その他の定期金を請求する権利を有するときは，その満期となった最後の2年分についてのみ，その抵当権を行使することができる」と規定しています。

関連過去問1

Aに対して債務を負うBは，Aのために，自己が所有する土地に抵当権を設定した（他に抵当権者は存在しない）。この場合における抵当権の消滅に関する次の記述のうち，民法の規定および判例に照らし，妥当なものはどれか。

〔2009年問29抜粋　答エ〕

ウ　BがAに対し，残存元本に加えて，**最後の2年分の利息および遅延損害金を支払った場合には，Aの抵当権は，確定的に消滅する。**

> たしかに375条1項において，「抵当権者は，利息その他の定期金を請求する権利を有するときは，その満期となった最後の2年分についてのみ」優先弁済を受けることができると規定しています。この規定は，後順位抵当権者や他の債権者が存在する場合，抵当権者が優先弁済を受けることができる範囲を規定しているものです。ですからAの債務者Bは払うべき金銭満額を支払わなければ，付従性により抵当権の消滅を主張することはできません。

エ　第三者Cが，土地の所有権を時効によって取得した場合には，Aの抵当権は，確定的に消滅する。

> 397条により，この場合抵当権は確定的に消滅することになりますね。

関連過去問2

第三者が抵当不動産を不法占有することによって同不動産の交換価値の実現が妨げられ，抵当権者の優先弁済権の行使が困難となるような状態があるときは，抵当権に基づく妨害排除請求権が認められるが，抵当権は占有を目的とする権利ではないため，抵当権者が占有者に対し**直接自己への抵当不動産の明渡しを求めることは常にできない。**

〔2017年問31(2)〕

> 第三者が抵当不動産を不法占有することによって，その不動産の交換価値の実現が妨げられ，抵当権者の優先弁済権の行使が困難となるような状態があるとき，抵当権者としてはこの第三者に不法占有をやめてほしいと考えることでしょう。
> そのためにできることとして，一つは抵当不動産の所有者が有する所有権に基づく妨害排除請求権を代位行使するという

手法があります。また抵当権に基づく妨害排除請求権の行使も認められています（最判平成11年11月24日）。
いずれの場合も，抵当不動産の所有者への返還を求めることになるのが原則です。ただ，抵当不動産の所有者が適切に維持管理することが期待できないような場合には，抵当権者は抵当権に基づく妨害排除請求権を行使するとともに，占有者に対して直接自己への抵当不動産の明渡しを求めることができます（最判平成17年３月10日）。

関連過去問３

法定地上権に関する次の記述のうち，民法の規定および判例に照らし，妥当なものはどれか。〔2011年問30　答(4)〕

(1)　Ａは，自己所有の土地（更地）に抵当権を設定した後に，その土地上に建物を建築したが，抵当権の被担保債権について弁済をすることができなかった。この場合において，抵当権者が抵当権を実行して土地を競売すると，この建物のために法定地上権は成立せず建物は収去されなければならなくなることから，**抵当権者は，土地とその上の建物を一括して競売しなければならない。**

更地に抵当権を設定していますので，のちに建物を建築しても，法定地上権は成立しません。この場合，抵当権が設定された土地だけを競売するのが原則です。ただ，建物と一緒に競売したほうが買い手がつきやすいのであれば，一括して競売することもできます（389条１項）。

(2)　ＡがＢから土地を借りてその土地上に建物を所有している場合において，Ｂは，その土地上に甲抵当権を設定したが，Ａから建物を取得した後に，さらにその土地に乙抵当権を設定した。その後，Ｂは，甲抵当権の被担保債権について弁済したので甲抵当権は消滅したが，乙抵当権の被担保債権については弁済できなかったので，乙抵当権が実行され，その土地は買受人Ｃが取得した。この場合，**この建物のために法定地上権は成立しない。**

後順位抵当権である乙抵当権が土地に設定されたとき法定地上権の成立要件を満たしていても，甲抵当権の設定時に満たしていなかったのであれば，法定地上権は成立しません。ただ本問では，乙抵当権実行時には，先順位抵当権である甲抵当権は弁済により消滅しています。ということは，要件を満たしていた乙抵当権のことだけを考えればよいことになりますね。したがって，法定地上権は成立します。

プラスα 法定地上権成否の判断時期

問題に登場する抵当権者の数		法定地上権成否の判断時期
ひとり		設定時で判断
ふたり※	土地抵当	一番抵当権設定時で判断
	建物抵当	二番抵当権設定時で判断

※　一番抵当権設定時には成立要件を満たさず，二番抵当権設定時には満たしている場面

(3)　ＡがＢから土地を借りてその土地上に建物を所有している場合において，Ａは，その建物上に甲抵当権を設定したが，Ｂから土地を取得した後に，さらにその建物に乙抵当権を設定した。その後，Ａは，甲抵当権の被担保債権について弁済できなかったので，甲抵当権が実行され，その建物は買受人Ｃが取得した。この場合，**この建物のために法定地上権は成立しない**。

建物への甲抵当権設定時には法定地上権の成立要件を満たしていませんが，後順位抵当権である乙抵当権設定時には要件を満たしています。競売においてもともと設定されている賃借権よりも，より強い法定地上権付きであるほうが高く売れるため，法定地上権の成立を認めても，甲抵当権の抵当権者にとっても不利にはなりません。したがって，法定地上権は成立します。

(4)　Ａが自己所有の土地と建物に共同抵当権を設定した後，建物が滅失したため，新たに建物を再築した場合において，Ａが抵当権の被担保債権について弁済することができなかったので，土地についての抵当権が実行され，その土地は買受人Ｂが取得した。この場合，再築の時点での土地の抵当権が再築建物について土地の抵当権と同順位の共同抵当権の設定を受けたなどの特段の事由のない限り，再築建物のために法定地上権は成立しない。

✎判例は以下のように考えて法定地上権の成立を原則否定しています。

土地・建物に共同抵当
↓
建物滅失＝建物に関する抵当権消滅
↓
<u>土地に関する抵当権</u>のみとなる。
＝
「更地」としての価値を評価していたと考えるのが，当事者の合理的意思と解すべき。
↓
建物が再築されただけでは，原則として法定地上権は成立しない（判例）。

(5)　ＡとＢが建物を共同で所有し，Ａがその建物の敷地を単独で所有している場合において，Ａがその土地上に抵当権を設定したが，抵当権の被担保債権について弁済できなかったので，その抵当権が実行され，その土地は買受人Ｃが取得した。この場合，**この建物のために法定地上権は成立しない。**

✎この場合，法定地上権は成立します。

	建物に抵当権設定	土地に抵当権設定
土地共有・建物単独所有	成立しない	成立しない（共有持分に設定したケース）
土地単独所有・建物共有	成立（共有持分に設定したケース）	成立（本肢のケース）

類題 Ｃの債務を担保するため，Ａ，ＢおよびＣが，各人の甲土地にかかる持分につき，Ｃの債権者Ｆのために共同抵当権を設定していたところ，抵当権が実行され，Ｇが全ての持分を競落した。この場合には，ＡＢＣが共有する乙建物のために法定地上権が成立する。

〔2014年問29オ〕

✎この場合，法定地上権は成立します（建物共有の場合と同様）。

関連過去問4

Aは債権者Bのため，A所有の甲土地に，被担保債権の範囲をA・B間の継続的売買に係る売掛代金債権とし，その極度額を1億円とする根抵当権を設定した。この場合に関する次の記述のうち，民法の規定に照らし，誤っているものはどれか。

〔2016年問31　答(1)〕

(1)　元本確定前に，A・Bは協議により，被担保債権の範囲にA・B間の金銭消費貸借取引に係る債権を加えることで合意した。A・Bがこの合意を後順位抵当権者であるCに対抗するためには，**被担保債権の範囲の変更についてCの承諾が必要である。**

> ✎ 被担保債権の範囲の変更は登記をしなければ，その効力が認められません。ただ，後順位抵当権者などの利害関係人の承諾を得る必要はありません（398条の4第2項第3項）。

類題 元本確定前においては，被担保債権の範囲を変更することができるが，**後順位抵当権者その他の第三者の承諾を得た上で**，その旨の登記をしなければ，変更がなかったものとみなされる。〔2020年問29(2)〕

(2)　元本確定前に，Bが，Aに対して有する継続的売買契約に係る売掛代金債権をDに対して譲渡した場合，Dは，その債権について甲土地に対する根抵当権を行使することはできない。

> ✎ 元本確定前に被担保債権を譲渡したとしても，根抵当権はBからDに移転することはありません（398条の7第1項）。

類題 元本確定前に根抵当権者から被担保債権を譲り受けた者は，その債権について根抵当権を行使することができないが，元本確定前に被担保債務の免責的債務引受があった場合には，根抵当権者は，引受人の債務について，その根抵当権を**行使することができる。**〔2020年問29(4)〕

> ✎ このように元本確定前に免責的債務引受があった場合は，引受人が負担する債務について根抵当権を行使することはできません（397条の7第2項）。

(3)　元本確定前においては，Bは，甲土地に対する根抵当権をAの承諾を得てEに譲り渡すことができる。

> ✎ 元本確定前において，根抵当権者Bは根抵当権設定者の承諾を得て，その根抵当権を譲渡することができます（398条の12第1項）。

(4)　元本が確定し，被担保債権額が6,000万円となった場合，Ａは，Ｂに対して甲土地に対する根抵当権の極度額１億円を，6,000万円と以後２年間に生ずべき利息その他の定期金および債務の不履行による損害賠償の額とを加えた額に減額することを請求できる。

類題 根抵当権設定者は，元本確定後においては，根抵当権の極度額の一切の減額を請求することはできない。〔2020年問29(5)〕

398条の21により，このような減額請求が認められています。

類題 被担保債権の範囲は，確定した元本および元本確定後の利息その他の定期金の２年分である。〔2020年問29(1)〕

根抵当権者は極度額を限度として優先弁済を受けることができます（398条の３第１項）。通常の抵当権の被担保債権の範囲が，利息その他の定期金については「満期となった最後の２年分（375条１項）」に限定されているのと対比しておきましょう。

(5)　元本が確定し，被担保債権額が１億2,000万円となった場合，甲土地について地上権を取得したＦは，Ｂに対して１億円を払い渡して根抵当権の消滅を請求することができる。

元本が確定し，被担保債権が極度額を超えた場合，物上保証人，第三取得者，地上権，永小作権，第三者に対抗できる賃借権を取得した第三者は，極度額に相当する金額を払い渡して，その根抵当権の消滅を請求することができます（398条の22第１項）。

類題 Ａの抵当権が根抵当権である場合において，元本が確定した後に，Ｂから土地の所有権を取得したＣが，極度額に相当する金額をＡに支払い，根抵当権の消滅請求をしたときは，確定した被担保債権の額が極度額を超えていたとしても，Ａの根抵当権は，確定的に消滅する。〔2009年問29イ〕

関連過去問5

物上代位に関する次の記述のうち，民法の規定および判例に照らし，誤っているものはどれか。 〔2014年問30抜粋〕

⑵　対抗要件を備えた抵当権者が，物上代位権の行使として目的債権を差し押さえた場合，第三債務者が債務者に対して反対債権を有していたとしても，それが抵当権設定登記の後に取得したものであるときは，当該第三債務者は，その反対債権を自働債権とする目的債権との相殺をもって，抵当権者に対抗することはできない。

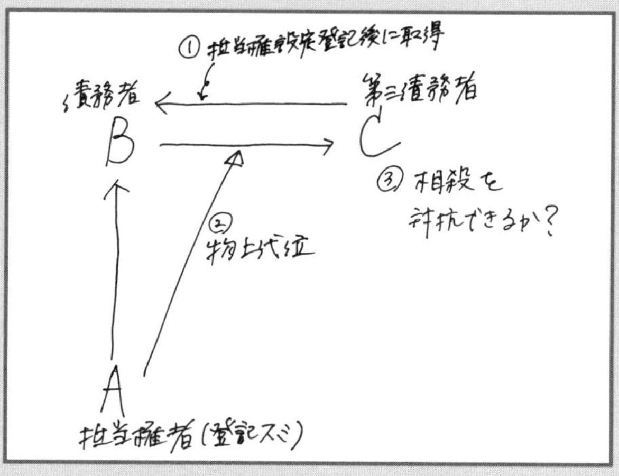

抵当権者が差し押えたあと，第三債務者は，抵当権設定登記後に取得した債務者に対する債権を自働債権とする相殺をもって抵当権者に対抗することはできません（判例）。なお，抵当権者の差し押え前であれば第三債務者は相殺を対抗できます。

(5)　抵当権者は，抵当不動産につき債務者が有する賃料債権に対して物上代位権を行使することができるが，同不動産が転貸された場合は，原則として，賃借人が転借人に対して取得した転貸賃料債権を物上代位の目的とすることはできない。

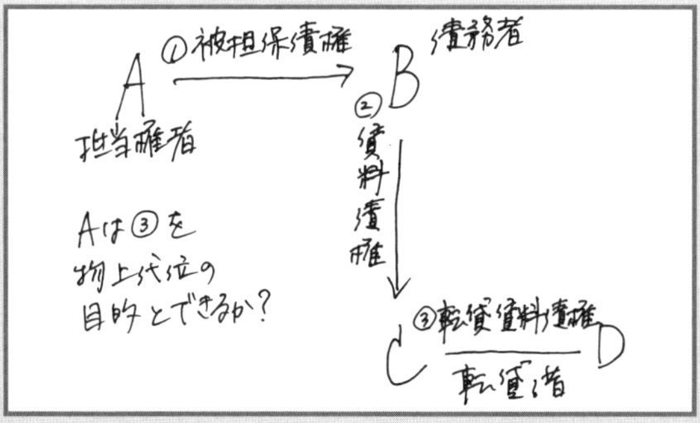

転貸賃料債権は，物上代位の対象である賃料債権とは別個の契約に基づいて発生しています。ですから転貸賃料債権を物上代位の目的とすることはできません（判例）。

類題 抵当不動産が転貸された場合，抵当権者は，原則として，転貸料債権（転貸賃料請求権）に対しても物上代位権を行使することができる。

〔2018年問30(4)〕

2 －12

譲渡担保

見る問ポイント

譲渡担保では特に動産譲渡担保，なかでも集合動産譲渡担保が近年よく出題されています。

見る問

▶ 動産物権変動に関する次の記述のうち，民法等の規定および判例に照らし，妥当でないものはどれか。 〔2019年問29抜粋〕

(4) Ｊは，自己所有の丁機械をＫに対して負っている貸金債務の担保としてＫのために譲渡担保権を設定した。動産に関する譲渡担保権の対抗要件としては占有改定による引渡しで足り，譲渡担保権設定契約の締結後もＪが丁機械の直接占有を継続している事実をもって，Ｊ・Ｋ間で占有改定による引渡しが行われたものと認められる。

動産を担保にお金を借りる場合，民法の規定だと質権を設定することが考えられます。ただ，質権は目的物を債権者に引き渡すことによって効力が発生します（344条）ので，Ｊが丁機械を使って物を生産し，それを販売して借りたお金を返したい場合には使えません。

そこで登場するのが「動産譲渡担保」です。ＪはＫに丁機械を販売する契約を結び，代金を受け取ります。これが融資にあたります。一方，丁機械は占有改定で引き渡し，そのままＪが使用を継続することができます。これが「動産譲渡担保」のメリットですね。

類題 動産の譲渡担保権を第三者に対抗するためには目的物の引渡しが必要であるが，この引渡しには，**公示性の乏しい占有改定による引渡しは含まれない。** 〔2020年問28オ〕

⑸　集合動産譲渡担保が認められる場合において，種類，量的範囲，場所で特定された集合物を譲渡担保の目的とする旨の譲渡担保権設定契約が締結され，占有改定による引渡しが行われたときは，集合物としての同一性が損なわれない限り，後に新たにその構成部分となった動産についても譲渡担保に関する対抗要件の効力が及ぶ。

種類，所在場所，量的範囲を指定するなど何らかの方法で目的物が特定されているのであれば，集合物を一つの物として譲渡担保の目的とすることができます。このような場合を「集合動産譲渡担保」といいます。

占有改定による引渡しがなされることで対抗要件を備えたことになるのは，動産譲渡担保の場合と同じです。一度対抗要件を備えたのであれば，その後構成部分が変化したとしても，集合物としての同一性が損なわれない限り，新たにその構成部分となった動産を包含する集合物について，対抗要件具備の効力が及ぶとするのが判例の立場です。

類題　構成部分の変動する集合動産について，**一括して譲渡担保の目的とすることは認められない。**　〔2017年問29ウ〕

類題　集合動産の譲渡担保において，債権者が譲渡担保の設定に際して占有改定の方法により現に存する動産の占有を取得した場合，その対抗要件具備の効力は，その構成部分が変動したとしても，集合物としての同一性が損なわれない限り，新たにその構成部分となった動産についても及ぶ。　〔2012年問30⑵〕

関連過去問

集合動産の譲渡担保において，設定者がその目的物である動産につき通常の営業の範囲を超える売却処分をしたときは，当該譲渡担保の目的である集合物から離脱したと認められない限り，当該処分の相手方は目的物の所有権を承継取得することはできない。　〔2012年問30⑶〕

✎ 集合動産譲渡担保の目的物について，通常の営業の範囲内で処分する権限が設定者には与えられています。
一方，通常の営業の範囲を超える売却処分をした場合は，原則としてその処分の相手方は目的物の所有権を承継取得することはできません。
ただし，すでに保管場所から搬出されるなどして集合物から離脱したと認められる場合は所有権の承継取得が認められます。
たとえば，いけすの中で養殖している魚を通常の営業の範囲内で売却することは問題ありません。一方で，いけすの中の魚すべてを一括で特定の相手方に売却するのは，通常の営業の範囲を超えるものですので，すべていけすから運び出されてしまった場合を除き，その相手方はその所有権を承継取得することはできません。

学習のヒント

このコーナーでは，横溝先生の著書『行政書士　シンプルで最強な合格戦略』から，学習のヒントとして一部をご紹介します。「なにを，いつまでに，どのように？」学習すべきか，これからの学習戦略に役立ててくださいね。

・試験まであと50日という時期に，民法をどのくらい回転させるべきか？

とくに行政法や民法はメイン科目ですから，試験直前期には何回転もさせないといけないのではと考える人がいても不思議ではありません。ただ，やみくもに何回転もさせても意味はありません。学んだことがきちんとあなたの脳に定着するようにしていかないといけないからです。そのためには，学習した後少し間を開けて改めて見直すというループが重要です。

では，どのくらい間を空けたらよいのでしょうか？

脳科学的な観点からすると，試験の約２ヵ月前ですので，民法であれば，以下のように５分野に分けて各分野を１～２週間おきに２～３回転させるのが理想的です。

１週目	２週目	３週目	４週目	５週目	６週目
③債権総論 ⑤親族・相続	④債権各論	①総則 ②物権	③債権総論	④債権各論 ⑤親族・相続	①総則 ②物権

民法の場合，今後は改正点が重点的に問われることは明らかです。そうだとすると，改正点が集中している③④を中心にスケジュールを組んでいく必要があります。ということで，直前期にはそれまでに積み上げてきたことを前提に，上記のような形がオススメです。

第3章

債権総論

学習のポイント

債権総論は扱う論点が多岐にわたります。また，登場人物が3人以上になることも多く混乱しやすい論点が多いです。だからこそ「抽象的」に，ではなく「具体例」に落としこんで理解するよう努めることが必要です。

3 − 1

債権の効力

見る問ポイント

選択債権に関する基本的な知識を学んでおきましょう。

見る問

▶ A・B間において，Aが，Bに対して，Aの所有する甲建物または乙建物のうちいずれかを売買する旨の契約が締結された。この場合に関する次の記述のうち，民法の規定に照らし，正しいものはどれか。

〔2020年問30　答(3)〕

(1) 給付の目的を甲建物とするか乙建物とするかについての選択権は，A・B間に特約がない場合には，**Bに帰属する。**

この問題のように，二つ以上のもののいずれかを引き渡すことを内容とする債権のことを選択債権といいます。引渡しのときに選択する権限を有するのは，原則として「債務者」です（406条）。もちろん特約により，「債権者」または「第三者」を選択権者とすることはできます。

本肢では，A・B間に特約がないので，選択権者は債務者Aです。

(2) A・B間の特約によってAが選択権者となった場合に，Aは，給付の目的物として甲建物を選択する旨の意思表示をBに対してした後であっても，**Bの承諾を得ることなく，その意思表示を撤回して，乙建物を選択することができる。**

選択債権において選択権の行使は，相手方に対する意思表示によってなされます（407条1項）。そして一度なされた意思表示は，相手方の

承諾を得なければ撤回はできません（407条2項）。本肢では，Aが甲建物を選択する意思表示をBに対して行っていますので，Bの承諾を得ることなく撤回することはできません。

(3)　A・B間の特約によってAが選択権者となった場合において，Aの過失によって甲建物が焼失したためにその給付が不能となったときは，給付の目的物は，乙建物になる。

選択権を有する者の過失で選択できないものが生じた場合，債権は残存するものについて存します（410条）。本肢では，選択権者Aの過失で甲建物が焼失しています。したがって給付の目的物は，残った乙建物です。ちなみに，選択権を有しない者の過失で選択できないものが生じた場合，残存するものに特定はしません。したがって，選択権者はなお選択をすることができます。

(4)　A・B間の特約によって第三者Cが選択権者となった場合において，Cの選択権の行使は，**AおよびBの両者に対する意思表示によってし**なければならない。

「第三者」に選択権が与えられている場合，選択の意思表示は，債権者「または」債務者に対して行います（409条1項）。本肢では，第三者Cは選択権行使の意思表示を，A「および」Bではなく，A「または」Bに対してすればよいことになります。

(5)　A・B間の特約によって第三者Cが選択権者となった場合において，Cが選択をすることができないときは，**選択権は，Bに移転する。**

「第三者」に選択権がある場合，その第三者が選択をすることができず，または選択をする意思を有しないときは，選択権は「債務者」に移転します（409条2項）。本肢では，第三者Cの選択権は，Cが選択をすることができないとき，Aに移転します。

3－2

債務不履行

見る問ポイント

履行遅滞・履行不能の要件や効果，そして立証責任について正確に理解しておきましょう。あわせて，「種類物の特定」についても整理しておくことをお勧めします。

見る問

▶ 債務不履行責任に関する次の記述のうち，民法の規定および判例に照らし，妥当でないものはどれか。 〔2016年問33抜粋・改題〕

(1) 不確定期限がある債務については，その期限が到来した時ではなく，債務者が履行期の到来を知った時から履行遅滞になる。

	履行遅滞の時期
確定期限のある債務	期限到来時（412条１項）
不確定期限のある債務	その期限の到来した後に履行の請求を受けた時または，その期限の到来したことを知った時のいずれか早い時（412条２項）
期限の定めのない債務	履行の請求があったとき（412条３項）

(2) 債務者が自己の債務を履行しない場合，その債務不履行につき免責事由があることを債務者の側において立証することができなければ，債務者は債務不履行責任を免れることができない。

ココを見よう

債務不履行の事実関係は，債権者側で主張立証します。一方，その債務不履行について債務者の免責事由があることについては，債務者側に立証責任が課せられています（415条１項ただし書）。

なお，415条１項ただし書は帰責事由の有無が契約当事者の主観的意思のみによって定まるものではないことを示しています。すなわち，当該契約の性質，契約をした目的，契約締結に至る経緯その他の事情をも考慮して判断していくということです。

⑸　特別の事情によって生じた損害につき，債務者が契約締結時においてその事情を予見できなかったとしても，債務不履行時までに予見可能であったと認められるときは，債務者はこれを賠償しなければならない。

ココを見よう

特別の事情によって生じた損害については，債務者が債務不履行時にその特別事情を予見すべきであったときに，債権者は損害賠償請求ができるとするのが，416条２項に対する判例の立場です。

関連過去問１

Ａが「もち米」を50キロ買う契約をＢ米店との間で行い，Ｂによる引渡しの準備がまだ終わっていない場合に関する次の記述のうち，正しいものはどれか。

〔2007年問31　答⑵〕

本問を解く前提として，Ａ・Ｂ間の売買契約の目的とされている「もち米50キロ」というのは，「種類物」であることを確認しておきましょう。

⑴　引渡し場所についてＡ・Ｂ間で決めていなかった場合に，ＢはＡが取りに来るまで待っていればよい。

種類物の引渡しは，「債権者の現在の住所」において行われるというのが民法上のルールです（484条１項）。したがって，Ｂ米店はＡのところまでもち米をもっていかなければいけません。

(2) Bは，目的物が特定されるまでの間は，B米店にある「もち米」の保管について善管注意義務を負うことはない。

✎もち米の保管について善管注意義務をB米店が負うことになるのは，「特定」されたあと引渡しまでですね（400条）。

(3) 目的物が特定される前に，隣家の火災によりB米店の「もち米」がすべて焼失してしまった場合，その焼失はBの責任ではないので，**Bは他から「もち米」を再調達して引き渡す義務はない。**

✎まだ「特定」していませんので，B米店は調達義務を負っています。

(4) A・B間で取り決めがなければ，Bは**上等な**「もち米」を50キロ引き渡さなければならない。

✎取り決めがないのであれば，標準的な品質（中等の品質）のもち米を引き渡す必要があります（401条1項）。なお，種類物は中等の品質をそなえることで「不特定物」となります。

(5) 「もち米」50キロの所有権は，目的物が特定される前でも，特約がなければ，**A・B間の売買契約をした時に移転する。**

✎所有権は「特定」した時点でBに移転します。

関連過去問2

AがBに対して自己所有の家屋を売る契約をした場合に関する次の記述のうち，判例に照らし，妥当でないものはどれか。〔2008年問32抜粋　答(1)〕

(1) Aが当該家屋をBに引き渡すまでの間は善管注意義務をもって当該家屋を保存・管理しなければならないので，**Aの履行遅滞中に不可抗力で当該家屋が滅失してもAが善管注意義務を尽くしていれば責任を負わない。**

✎履行遅滞中に当事者双方の責めに帰することができない事由によって履行が不能となったときは，その履行不能も債務者の責めに帰すべき事由によるものとみなされます（413条の2第1項）。したがって，Aの履行遅滞中に不可抗力で当該家屋が滅失した場合，それもAの責めに帰すべき事由によるものとみなされます。

(2)　Ｂが登記を備える前に，ＡがＣに対して当該家屋を二重に売ってしまった場合，ＣがＢより先に仮登記を備えたときでも，ＡのＢに対する債務は未だ履行不能とはならない。

> 仮登記を備えた時点では，二重譲渡における対抗要件を備えたことにはなりません。したがって，ＡのＢに対する債務はＣが仮登記を備えた時点では，履行不能にはなっていません。

(3)　Ｂが登記を備える前に，ＡがＢへの譲渡を知っているＤに対して当該家屋を二重に売ってしまい，登記を移転してしまった場合，Ｂは，それだけではＤに対して債権侵害を理由とする不法行為責任を追及できない。

> これだけでＤに対しては不法行為責任を追及することは難しいですね。Ｄが背信的悪意者であるという事情があって，はじめて不法行為責任を追及できるようになります。

(4)　Ｂが登記を備える前に，ＡがＢへの譲渡を知らないＥに対して当該家屋を二重に売ってしまい，登記を移転してしまった場合，ＢがＡに対して履行不能による損害賠償を請求するときは，価格が騰貴しつつあるという特別の事情があれば，転売・処分の可能性がなくても，騰貴前に処分したことが予想されない限り，騰貴した現在の価格を特別損害とすることができる。

> Ａが価格の騰貴（値上がりということです）という事実を，債務不履行時（Ｅに二重譲渡して登記を移転した時点。これでＢへの譲渡は履行不能になります）に予見すべきであったときは，登記した現在の価格を特別損害として損害賠償請求することができます（416条２項）。このとき，Ｂに転売・処分の可能性がなくてもかまいません。

3－3

責任財産の保全

見る問ポイント

債権者代位権・詐害行為取消権の要件・効果を正確に理解しておきましょう。これらの制度はいずれも，債務者の責任財産を保全し，強制執行の準備をするために置かれているということも忘れてはいけません。

見る問

▶ 債権者代位権または詐害行為取消権に関する次の記述のうち，民法の規定および判例に照らし，正しいものはどれか。〔2016年問32　答(2)〕

(1) 債権者は，債権の弁済期前であっても，**債務者の未登記の権利について登記の申請をすることについて，裁判所の許可を得た場合に限って，**代位行使することができる。

債務者の未登記の権利について登記の申請をすることは，保存行為ですので，被保全債権の弁済期前であっても債権者代位権を行使することができます（423条２項ただし書）。

(2) 債権者は，債務者に属する物権的請求権のような請求権だけでなく，債務者に属する取消権や解除権のような形成権についても代位行使することができる。

ココを見よう

取消権や解除権といった形成権も被代位権利として代位行使が認められています。

(3) 債権者は，債務者に属する権利を，債権者自身の権利として行使するのではなく，**債務者の代理人として行使することができる。**

ココを見よう

代位行使は，債務者の代理人として権利行使するのとは違います。あくまでも，自己の名において債務者の権利を行使すると理解してください。

(4) 甲不動産がAからB，AからCに二重に譲渡され，Cが先に登記を備えた場合には，AからCへの甲不動産の譲渡によりAが無資力になったときでも，**Bは，AからCへの譲渡を詐害行為として取り消すことはできない。**

ココを見よう

BはAに対する甲不動産の引渡し請求権を被保全債権とする詐害行為取消権の行使が可能です。なぜならば，このような特定物債権であっても究極において損害賠償債権に変じうるから，債務者の一般財産により担保されなければならないことは金銭債権と同じだからです。（最判昭和36年7月19日）。

(5) 詐害行為取消権の立証責任に関しては，債務者の悪意と同様に，**受益者および転得者側の悪意についても債権者側にある。**

債務者の悪意の立証責任は，債権者側にあります。(424条１項本文参照)。一方，受益者の悪意の立証責任は，受益者側にあります（424条１項ただし書参照)。もちろん，自らの善意を立証することが求められるということです。また転得者の悪意の立証責任は，債権者側にあります（424条の５参照)。

なお，転得者に対して取消請求していくときは「受益者の悪意」も必要です（424条の５)。この受益者の悪意の立証責任は転得者にあります。

関連過去問

詐害行為取消権に関する次の記述のうち，民法の規定および判例に照らし，妥当なものはどれか。
〔2013年問30　答(2)〕

(1)　遺産分割協議は，共同相続人の間で相続財産の帰属を確定させる行為であるが，相続人の意思を尊重すべき身分行為であり，**詐害行為取消権の対象となる財産権を目的とする法律行為にはあたらない。**

> ✎ 遺産分割協議は相続人間でいったん共有とされた相続財産の帰属を確定させる行為（=財産権を目的とする法律行為）にあたるので，詐害行為取消権の対象になると解されています（判例)。

(2)　相続放棄は，責任財産を積極的に減少させる行為ではなく，消極的にその増加を妨げる行為にすぎず，また，相続放棄は，身分行為であるから，他人の意思によって強制されるべきではないので，詐害行為取消権行使の対象とならない。

> ✎ 相続放棄は身分上の行為であり，詐害行為取消権の対象ではありません（判例)。

(3)　離婚における財産分与は，身分行為にともなうものではあるが，財産権を目的とする法律行為であるから，**財産分与が配偶者の生活維持のためやむをえないと認められるなど特段の事情がない限り，詐害行為取消権の対象となる。**

> ✎ 財産分与は原則として身分上の行為であり，詐害行為取消権の対象ではありません。ただし，768条３項の規定の趣旨に反して不相当に過大であり，財産分与に仮託してされた財産処分であると認めるに足りるような特段の事情があるときは，その対象になります（判例)。

(4)　詐害行為取消権は，総ての債権者の利益のために債務者の責任財産を保全する目的において行使されるべき権利であるから，債権者が複数存在するときは，**取消債権者は，総債権者の総債権額のうち自己が配当により弁済を受けるべき割合額でのみ取り消すことができる。**

✎詐害行為取消権は，被保全債権の範囲内において取り消すことが認められています（判例）。総債権者の総債権額のうちから自己が配当を受けるべき割合額に限定されません。

(5)　詐害行為取消権は，総ての債権者の利益のために債務者の責任財産を保全する目的において行使されるべき権利であるから，取消しに基づいて返還すべき財産**が金銭である場合に，取消債権者は受益者に対して直接自己への引渡しを求めることはできない。**

✎詐害行為取消権は債務者の責任財産の保全を図るための制度です。金銭の場合，債務者のもとに戻しても，使われてしまったり，どこかに隠されてしまっては意味がありません。そこで，債権者は直接自己への引き渡しを求めることが認められています。これは動産の場合も同様です（424条の９第１項）。

3－4

連帯債務

見る問ポイント

連帯債務の絶対効が生じるパターンを正確に押さえておきましょう。また，連帯保証との比較も大切です。

見る問

▶ 連帯債務および連帯保証に関する次のア～オの記述のうち，正しいものはどれか。

〔2011年問31改題　答ア〕

ア　連帯債務において，連帯債務者の1人が債権者に対して債権を有する場合には，その連帯債務者が相殺を援用しない間は，その連帯債務者の負担部分の限度において，他の連帯債務者は債権者に対して債務の履行を拒むことができる。これに対し，連帯保証において，主たる債務者が債権者に対して債権を有する場合には，連帯保証人は，主たる債務者が債権者に対して有する債権による相殺をもって，主たる債務者がその債務を免れるべき限度において保証人は債権者に対して債務の履行を拒むことができる。

ココを見よう

抽象的な問題は，事例におきかえて考えるとわかりやすくなります。

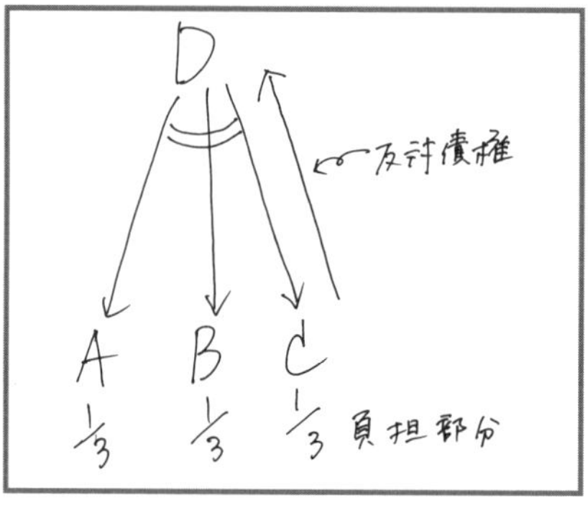

連帯債務者の１人が債権者に対して反対債権を有する場合，その連帯債務者の負担部分について他の連帯債務者は債務の履行を拒むことができます（439条２項）。Ｃの有する反対債権をＡやＢが行使する権限はありません。そこで改正法ではＣの負担部分の限度での履行拒絶を認めたのです。

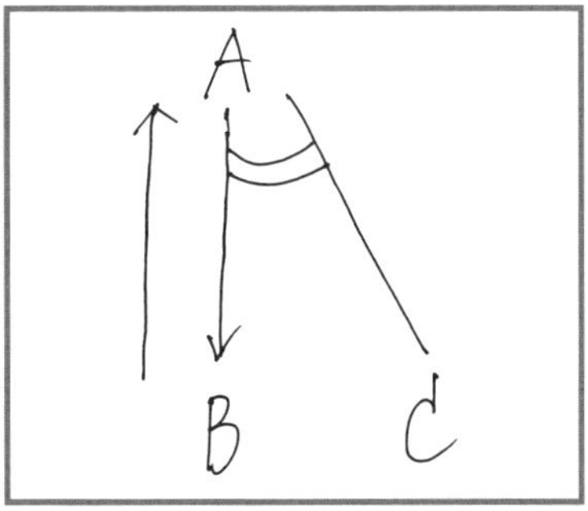

連帯保証や単純保証において，保証人は主たる債務者が債権者に対抗できることは保証人も対抗することができます（457条２項）。ただ，主たる債務者が債権者に対して有する権利が相殺権，取消権，解除権の場合，これらの権利を行使することで，債務を免れるべき限度において保証人は債権者に対して債務の履行を拒むことができます（457条３項）。

イ　連帯債務において，債権者が連帯債務者の１人に対して債務を免除した場合には，**その連帯債務者の負担部分についてのみ，他の連帯債務者は債務を免れる。**これに対し，連帯保証において，債権者が連帯保証人に対して債務を免除した場合には，主たる債務者はその債務の全額について免れることはない。

改正前民法では「免除の絶対効」が定められていましたが，改正により相対効になりました。債権者が免除を連帯債務者の１人に行う場合，他の連帯債務者まで免除する意思は通常有しないと考えられるからです。一方，連帯保証人に対して債務を免除しても，主たる債務者は何ら影響を受けません。

ウ　連帯債務において，連帯債務者の１人のために消滅時効が完成した場合には，他の連帯債務者はこれを援用して**時効が完成した債務の全額について自己の債務を免れることができる。**これに対し，連帯保証において，連帯保証人のために時効が完成した場合には，主たる債務者はこれを援用して債務を免れることはできない。

改正前民法では「時効の絶対効」が定められていましたが，改正により相対効になりました。債権者としては資力のある債務者のことは気にかけますが，そうではない債務者のことはさほど気にしないかもしれません。その結果，消滅時効が完成してしまいその影響が資力のある債務者にも及んでしまうのはやはり問題だというのが，相対効とされた理由です。一方，連帯保証については，連帯保証人のために時効が完成しても，主たる債務者がこれを援用することはできません。

エ　連帯債務において，債権者が連帯債務者の１人に対してした債務の履行の請求は，**他の債務者にも効力を生じる。**これに対し，連帯保証において，債権者が連帯保証人に対してした債務の履行の請求は，主たる債務者に対して効力が生じることはなく，主たる債務の時効の完成は猶予されない。

改正前民法では「履行の請求」は絶対効とされていましたが，改正により相対効になりました。履行の請求を直接受けていない連帯債務者にとって自ら知らないうちに履行遅滞におちいっているなど不利益が大きいというのが相対効とされた理由です。そして連帯保証においても，連帯保証人に履行の請求をしても，主たる債務の時効に影響はしません（458条参照）。

オ　連帯債務において，連帯債務者の１人が債務の全額を弁済した場合には，その連帯債務者は，他の連帯債務者に対し，各自の負担部分について求償することができる。これに対し，連帯保証において，連帯保証人の1人が債務の全額を弁済した場合には，**その連帯保証人は，他の連帯保証人に対し，求償することはできない。**

連帯債務者間では，相互に求償権を行使することが認められています。求償権を行使することは，連帯債務者の1人が自己の負担部分を超えない額の弁済をした場合でも認められます（442条1項）。一方，連帯保証人が複数存在する場合，全額または自己の負担部分を超える額を弁済した場合は，相互に求償権を行使することが認められています（465条1項）。

関連過去問

共同事業を営むAとBは，Cから事業資金の融資を受けるに際して，共に弁済期を1年後としてCに対し連帯して1,000万円の貸金債務（以下「本件貸金債務」という。）を負担した（負担部分は2分の1ずつとする。）。この事実を前提とする次の記述のうち，民法の規定および判例に照らし，妥当でないものはどれか。

〔2017年問32改題　答(3)〕

(1)　本件貸金債務につき，融資を受けるに際してAが錯誤に陥っており，錯誤に基づく取消しを主張してこれが認められた場合であっても，これによってBが債務を免れることはない。

> Aが錯誤取消しを主張した場合，Aはこの連帯債務関係から抜けることになります。このAによる錯誤取消しの効果は，連帯債務者Bには影響しません（437条）。したがって，Bは債務を免れることはありません。

(2)　本件貸金債務につき，A・C間の更改により，AがCに対して甲建物を給付する債務に変更した場合，Bは本件貸金債務を免れる。

> 更改は改正民法においても絶対効です（438条）。したがって，Bも本件貸金債務を免れます。

(3)　本件貸金債務につき，弁済期到来後にAがCに対して弁済の猶予を求め，その後更に期間が経過して，弁済期の到来から起算して時効期間が満了した場合に，Bは，Cに対して消滅時効を援用することはできない。

✎ＡがＣに時効完成前に弁済の猶予を求めているのは，「権利の承認」にあたります（152条１項）。そして，この「権利の承認」は相対効ですので，他の連帯債務者であるＢにその効果は及びません（441条）。したがって，Ｂはこの場合，消滅時効の援用が認められます。

(4) 本件貸金債務につき，Ｃから履行を求められたＡが，あらかじめその旨をＢに通知することなくＣに弁済した。その当時，ＢはＣに対して500万円の金銭債権を有しており，既にその弁済期が到来していた場合，ＢはＡから500万円を求償されたとしても相殺をもって対抗することができる。

✎連帯債務者は他の連帯債務者があることを知りながら債権者に弁済するとき，事前に他の連帯債務者に通知をしなければなりません。それを怠ると，他の連帯債務者が債権者に対抗できる事由を有していたとき，負担部分について，その事由をもって免責を得た連帯債務者に対抗することができます（443条１項前段）。

ＡとＢは共同事業を営んでいますし，Ｃとの間で連帯債務を負担することもお互いにわかっていると思われます。したがって，ＢはＡから500万円を求償されたとしても，相殺をもって対抗することができます。

(5) 本件貸金債務につき，ＡがＣに弁済した後にＢに対してその旨を通知しなかったため，Ｂは，これを知らずに，Ａに対して事前に弁済する旨の通知をして，Ｃに弁済した。この場合に，Ｂは，Ａの求償を拒み，自己がＡに対して500万円を求償することができる。

✎弁済をした連帯債務者は，他の連帯債務者があることを知りながら，事後の通知を怠った場合，他の連帯債務者が善意で弁済その他自己の財産をもって免責を得るための行為をしたときは，それを有効だとみなすことができます（443条２項）。

したがって，Ａから事後通知を受けなかったため，Ａの弁済を知らずにＣに弁済したＢは，自己の弁済を有効なものとみなすことができます。つまりＢはＡの求償を拒み，自己がＡに対して500万円を求償することができます。

3－5

保　　証

見る問ポイント

保証人の責任の及ぶ範囲，単純保証と連帯保証の比較，委託の有無による比較，共同保証人間の求償権についてしっかり確認しましょう。

見る問

▶　保証に関する(1)〜(5)の「相談」のうち，民法の規定および判例に照らし，「可能です」と回答しうるものはどれか。〔2010年問31　答(5)〕

(1)　私は，AがBとの間に締結した土地の売買契約につき，売主であるAの土地引渡等の債務につき保証人となりましたが，このたびBがAの債務不履行を理由として売買契約を解除しました。Bは，私に対して，Aが受領した代金の返還について保証債務を履行せよと主張しています。私が保証債務の履行を拒むことは可能でしょうか。

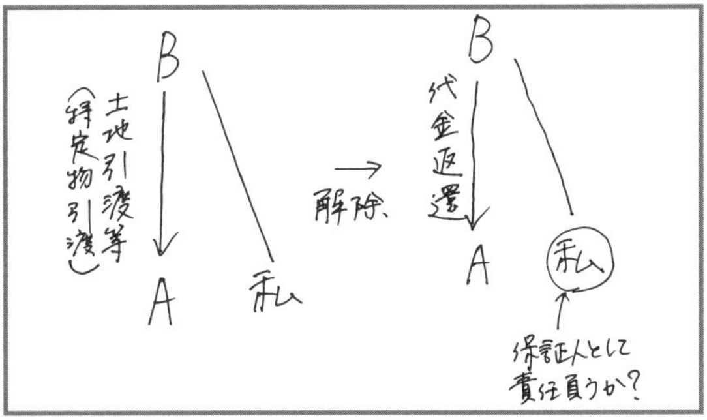

可能ではありません。私は特定物の引渡債務の保証人になっています。この場合，特に反対の意思表示のない限り，売主の債務不履行に基づく解除による原状回復義務についても責任を負うとするのが判例の立場です。

⑵　私は，ＡがＢから金銭の貸付を受けるにあたり，Ａに頼まれて物上保証人となることにし，Ｂのために私の所有する不動産に抵当権を設定しました。このたびＡの債務の期限が到来しましたが，最近資金繰りに窮しているＡには債務を履行する様子がみられず，抵当権が実行されるのはほぼ確実です。私はＡに資力があるうちにあらかじめ求償権を行使しておきたいのですが，これは可能でしょうか。

ココを見よう

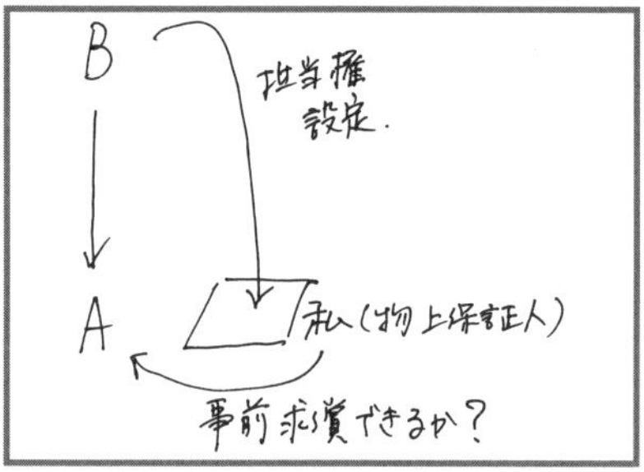

可能ではありません。物上保証人には事前求償権は認められないとするのが判例の立場です。物上保証人は，債務者に代わって弁済する責任は課されていないからですね。

⑶　私の経営する会社甲は，ＡがＢと新たに取引関係を結ぶにあたり，取引開始時から３ヵ月間の取引に関してＡがＢに対して負う一切の債務を保証することとし，契約書を作成しましたが，特に極度額を定めていませんでした。このたび，この期間内のＡ・Ｂ間の取引によって，私が想定していた以上の債務をＡが負うことになり，Ｂが甲に対して保証債務の履行を求めてきました。甲が保証債務の履行を拒むことは可能でしょうか。

ココを見よう

可能ではありません。民法が規定している「個人根保証契約（465条の２）」は文字通り個人が根保証人になった場合を想定しています。今回根保証人になっているのは，「会社甲」ですから，民法上保護されるべき「個人根保証契約」ではありませんね。

(4)　私は，Aが B 所有のアパートを賃借するにあたり A の保証人となりました。このたび A・B 間の契約が A の賃料不払いを理由として解除されたところ，B は，A の滞納した賃料だけでなく，A が立ち退くまでの間に生じた損害の賠償についても保証債務の履行をせよと主張しています。私は保証債務の履行を拒むことは可能でしょうか。

可能ではありません。ここまで保証人は責任を負うとするのが判例の立場です。

(5)　私は，A が B から400万円の貸付を受けるにあたり，A から依頼されて C と共に保証人となりましたが，その際，私および C は，A の債務の全額について責任を負うものとする特約を結びました。このたび，私は B から保証債務の履行を求められて400万円全額を弁済しましたが，私は，C に対して200万円の求償を請求することが可能でしょうか。

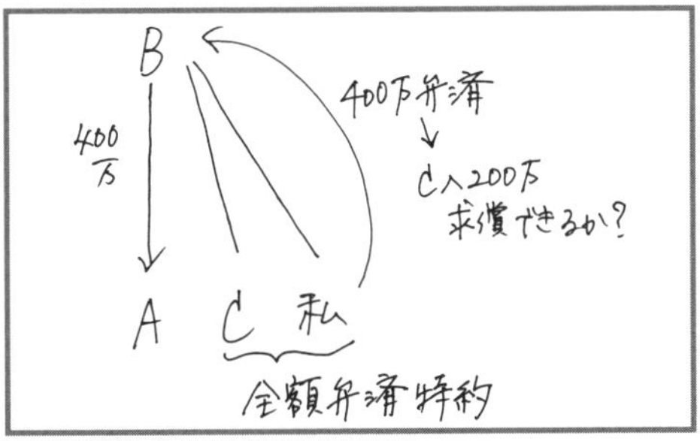

可能です。私と C は A の債務の全額について責任を負うものとする特約を結んでいます。この場合，私は B に弁済した場合，自己の負担部分を超えた分については，C に求償することができます。つまり本問の場合は，400万円－200万円＝200万円の求償が可能です（465条1項・442条1項）。

関連過去問1

Aが Bから金1000万円を借り受けるにあたって，CおよびDがそれぞれAから委託を受けて保証人（連帯保証人ではない通常の保証人で，かつお互いに連帯しない保証人）となり，その後CがBに対して，主たる債務1000万円の全額を，同債務の弁済期日に弁済した。この場合に関する以下の記述のうち，民法の規定に照らし，正しいものはどれか。なお，CD間には負担部分に関する特段の合意がないものとする。

〔2014年問31　答(2)〕

(1)　CはAおよびDに対して求償することができ，求償権の範囲は，Aに対しては，1000万円および求償権行使までに生じた利息，遅延損害金に及び，Dに対しては，**500万円および求償権行使までに生じた利息，遅延損害金に及ぶ。**

(2)　CはAおよびDに対して求償することができ，求償権の範囲は，Aに対しては，1000万円および求償権行使までに生じた利息，遅延損害金等に及び，Dに対しては，500万円である。

(3)　Cは**Aに対してのみ求償することができ**，求償権の範囲は，1000万円および求償権行使までに生じた利息，遅延損害金等に及ぶ。

(4)　Cは**Aに対してのみ求償することができ**，求償権の範囲は，500万円および求償権行使までに生じた利息，遅延損害金等に及ぶ。

(5)　Cは**Dに対してのみ求償することができ**，求償権の範囲は，500万円および求償権行使までに生じた利息，遅延損害金に及ぶ。

> CとDは委託を受けている保証人ですが，連帯保証ではなく，全額弁済の特約も結んでいません。したがって，分別の利益が認められ，CとDがBに対して保証人として責任を負うのは，500万円とされます（456条）。
> もちろん，主たる債務者Aに対しては，委託を受けている保証人として，1000万円および求償権行使までに生じた利息，遅延損害金等まで求償できます（459条2項）。
> そしてCとDは相互に求償できますが，求償できるのは「全額又は自己の負担部分を超える額」を弁済したときです（465条2項）。Cは1000万円全額を弁済していますので自己の負担部分を超える500万円をDに求償できますね。

関連過去問２

Ｅは知人ＦがＧより100万円の融資を受けるにあたり，保証（単純保証）する旨を約した。弁済期後，Ｇはいきなり Ｅに対して保証債務の履行を求めてきたので，Ｅはまずは主たる債務者に催告するよう請求した。ところがＧがＦに催告したときにはＦの資産状況が悪化しており，Ｇは Ｆから全額の弁済を受けることができなかった。この場合，ＥはＧが直ちにＦに催告していれば弁済を受けられた限度で保証債務の履行を免れることができる。　〔2009年問30ウ〕

いきなり保証債務の履行を求めてきたＧに対して，保証人Ｅはまず主たる債務者Ｆに催告するよう請求しています（催告の抗弁，452条）。ところが，ＧはＦにすぐ催告しませんでした。後日催告したときにはＦの資産状況が悪化し，ＧはＦから全額の弁済を受けることができなくなっていました。この場合，ＥはＧが直ちにＦに催告していれば弁済を受けられた限度で保証債務の履行を免れることができます（455条）。

3－6

債務引受

見る問ポイント

改正前に判例で認められていた債務引受は，今回の改正により明文化されています。

見る問

▶　Aは，Bに対して金銭債務（以下，「甲債務」という。）を負っていたが，甲債務をCが引き受ける場合（以下，「本件債務引受」という。）に関する次の記述のうち，民法の規定に照らし，誤っているものはどれか。

〔2020年問31　答(5)〕

(1)　本件債務引受について，BとCとの契約によって併存的債務引受とすることができる。

併存的債務引受は債権者Bと引受人Cの契約で行うことができます（470条2項）。

(2)　本件債務引受について，AとCとの契約によって併存的債務引受とすることができ，この場合においては，BがCに対して承諾をした時に，その効力が生ずる。

併存的債務引受は債務者Aと引受人Cの契約で行うことができます。併存的債務引受は連帯債務関係を作り出すものですから，債権者Bにとってリスクが分散できるというメリットがあります。つまり債務者と引受人との間で，第三者である債権者の利益になる契約を結ん

でいるわけです。このような契約のことを「第三者のための契約」といいます。そのため，第三者である債権者の承諾を470条３項後段は要求しています。

⑶　本件債務引受について，ＢとＣとの契約によって免責的債務引受とすることができ，この場合においては，ＢがＡに対してその契約をした旨を通知した時に，その効力が生ずる。

ココを見よう

免責的債務引受は債権者Ｂと引受人Ｃの契約で行うことができます。この場合，債権者が債務者に対してその契約をしたことを通知したときに効力が生ずるとされています（472条２項）。なお，債務者の意思に反しているかどうかは問題にならないことに注意してください。

⑷　本件債務引受について，ＡとＣが契約をし，ＢがＣに対して承諾することによって，免責的債務引受とすることができる。

ココを見よう

免責的債務引受は，債務者Ａと引受人Ｃの契約で行うことができます。この場合，債権者Ｂが引受人となる者に対して承諾をすることが必要です（472条３項）。

⑸　本件債務引受については，それが免責的債務引受である場合には，Ｃは，Ａに対して**当然に求償権を取得する**。

ココを見よう

免責的債務引受の引受人Ｃは，債務者Ａに対して求償権を取得しません（472条の３）。もちろんＡＣ間の合意があれば求償は可能です。

3－7

債務の消滅

見る問ポイント

「債務の消滅」は，近年出題されることが多くなってきています。なかでも「相殺」はしっかり見ておきたいテーマです。

見る問

▶ 相殺に関する次のア～ウの記述のうち，相殺の効力が生じるものをすべて挙げた場合，民法の規定および判例に照らし，妥当なものはどれか。

〔2008年問34　答ア・ウ〕

ア　AがBに対して平成20年５月５日を弁済期とする300万円の売掛代金債権を有し，BがAに対して平成20年７月１日を弁済期とする400万円の貸金債権を有している。この場合に，平成20年５月10日にAがBに対してする相殺。

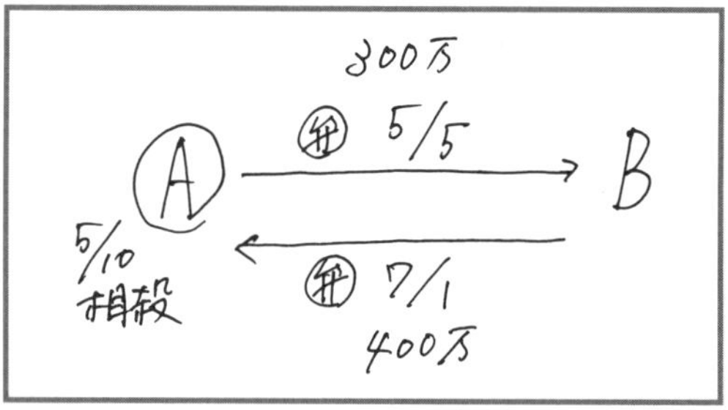

可能です。Ａが平成20年５月10日に相殺する場合，自働債権にあたるＢに対する売掛代金債権はすでに弁済期を迎えています。

よって，受働債権にあたるＢに対する貸金債務の期限の利益を放棄することで，Ａは５月10日時点で相殺の意思表示をすることが可能です。

イ　AがBに対して平成18年5月5日を弁済期とする300万円の貸金債権を有していたところ，平成18年7月1日にAがBに対して暴力行為をはたらき，平成20年7月5日に，Aに対してこの暴力行為でBが被った損害300万円の賠償を命ずる判決がなされた。**この場合に，平成20年7月5日にAがBに対してする相殺。**

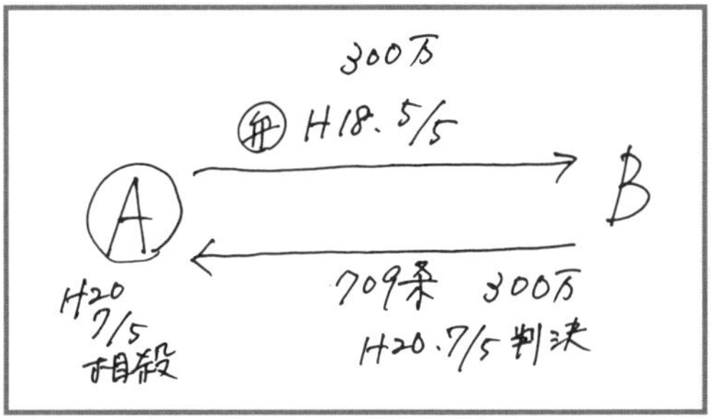

可能ではありません。Aが相殺する場合，Bの有する不法行為に基づく損害賠償請求権（709条）が受働債権になります。Aの側から見るとAはBに対して暴力行為をはたらいていますので「人の生命又は身体の侵害による損害賠償の債務」（509条2号）です。

よって，Aから相殺することはできません。被害者Bは現実に損害の塡補を受けることが必要だからですね。

ウ　A銀行がBに対して平成19年7月30日に期間1年の約定で貸し付けた400万円の貸金債権を有し，他方，BがA銀行に対して平成20年7月25日を満期とする400万円の定期預金債権を有していたところ，Bの債権者CがBのA銀行に対する当該定期預金債権を差し押さえた。この場合に，平成20年8月1日にA銀行がBに対してする相殺。

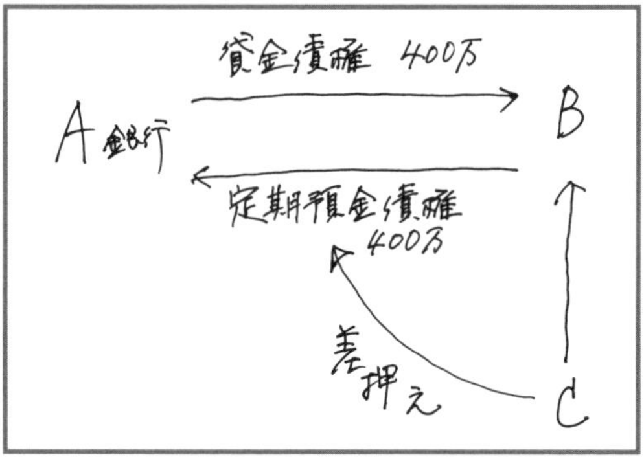

可能です。第三債務者（A銀行）は，債務者に対する債権が差押後に取得されたものでない限り，自働債権，受働債権の弁済期の前後を問わず，相殺適状に達しさえすれば，差押後においても，これを自働債権として相殺できます（511条1項）。

関連過去問1

代物弁済（担保目的の代物弁済契約によるものは除く。）に関する次の記述のうち，民法の規定および判例に照らし，妥当でないものはどれか。〔2015年問31抜粋〕

(1) 債務者が債権者と合意して，債権者に対し本来の債務の弁済に代えて自己が所有する土地を譲渡した場合，土地所有権の移転の効果は，原則として代物弁済契約の意思表示によって生じる。

(2) 債務者が債権者と合意して，債権者に対し本来の債務の弁済に代えて自己が所有する土地を譲渡した場合，債務消滅の効果は，原則として移転登記の完了時に生じる。

> 不動産を代物弁済として譲渡した場合，所有権移転の効果は代物弁済契約の意思表示をしたときに生じます（(1)）。一方で，債務消滅の効果は，原則として移転登記時に生じます（(2)）。

類題 金銭債務を負担した債務者が，債権者の承諾を得て金銭の支払に代えて不動産を給付する場合において，代物弁済により債務を消滅させるためには，債権者に所有権を移転させる旨の意思表示をするだけでは足りず，所有権移転登記がされなければならない。〔2018年問31(3)改題〕

(3)　債務者が債権者と合意して，債権者に対し本来の債務の弁済に代えて自己が占有する時計を引き渡した場合，当該時計が他人から借りた時計であったとしても，債権者が，善意，無過失で，平穏に，かつ，公然と占有を開始したときには，時計の所有権を取得できる。

> 代物弁済も即時取得の成立要件における「取引行為」にあたります。

(5)　債務者が債権者と合意して，債権者に対し本来の債務の弁済に代えて手形または小切手を交付した場合，これによって債務消滅の効果が生じるので，それらの不渡りがあっても，債権者は，債務者に対し損害賠償を請求することはできない。

> 代物弁済として手形や小切手を交付した場合，それによって債務消滅の効果が生じるとするのが判例の立場です。債務消滅の効果は，その後不渡りがあっても影響は受けません。

関連過去問２

受領権者としての外観を有する者に対する弁済等に関する次の記述のうち，民法の規定および判例に照らし，妥当なものはいくつあるか。　〔2014年問33改題　答５つ〕

ア　他人名義の預金通帳と届出印を盗んだ者が銀行の窓口でその代理人と称して銀行から払戻しを受けた場合に，銀行が，そのことにつき善意であり，かつ過失がなければ，当該払戻しは，受領権者としての外観を有する者に対する弁済として有効な弁済となる。

> 「債権者の詐称代理人」は受領権者としての外観を有する者にあたると解されています。よって，銀行が，そのことにつき善意であり，かつ過失がなければ，その弁済は有効とされます。

イ　他人名義の定期預金通帳と届出印を盗んだ者が銀行の窓口で本人と称して，定期預金契約時になされた定期預金の期限前払戻特約に基づいて払戻しを受けた場合に，銀行が，そのことにつき善意であり，かつ過失がなければ，当該払戻しは，受領権者としての外観を有する者に対する弁済として有効な弁済となる。

> 「他人名義の定期預金通帳と届出印を盗んだ者」は受領権者としての外観を有する者にあたると解されています。よって，銀行が，そのことにつき善意であり，かつ過失がなければ，その弁済は有効とされます。

ウ　他人名義の定期預金通帳と届出印を盗んだ者が銀行の窓口で本人と称して銀行から定期預金を担保に融資を受けたが，弁済がなされなかったため，銀行が当該貸金債権と定期預金債権とを相殺した場合に，銀行が，上記の事実につき善意であり，かつ過失がなければ，当該相殺は，受領権者としての外観を有する者に対する弁済の規定の類推適用により有効な相殺となる。

このように預金者と貸付の相手方が異なる場合，他人名義の定期預金通帳と届出印を盗んだ者を預金者と信じて貸し付けをし，その後弁済がなされなかったため相殺したケースにおいて，478条類推適用により，銀行が，上記の事実につき善意であり，かつ過失がなければ有効な相殺とするのが判例の立場です。

エ　債権者の被用者が債権者に無断でその印鑑を利用して受取証書を偽造して弁済を受けた場合であっても，他の事情と総合して当該被用者が債権の準占有者と認められるときには，債務者が，上記の事実につき善意であり，かつ過失がなければ，当該弁済は，受領権者としての外観を有する者に対する弁済として有効な弁済となる。

「偽造した受取証書を持参した者」は受領権者としての外観を有する者にあたると解されています。よって，債務者が，上記の事実につき善意であり，かつ過失がなければその弁済は有効とされます。本物の受取証書を持参した受領権限のない者への弁済も同様です。

オ　債権が二重に譲渡され，一方の譲受人が第三者対抗要件を先に具備した場合に，債務者が，その譲受人に対する弁済の有効性について疑いを抱いてもやむをえない事情があるなど，対抗要件で劣後する譲受人を真の債権者であると信ずるにつき相当の理由があるときに，その劣後する譲受人に弁済すれば，当該弁済は，受領権者としての外観を有する者に対する弁済として有効な弁済となる。

「債権譲渡の劣後譲受人」は受領権者としての外観を有する者にあたると解されています。

関連過去問３

Ａが，Ｂとの間の土地賃貸借契約に基づいて乙建物を建て，Ｃとの間の建物賃貸借契約に基づいてＣに乙建物を使用させている場合，**Ｃは，Ａに無断で甲土地の賃料をＢに対して支払うことはできない。**　〔2013年問32ウ〕

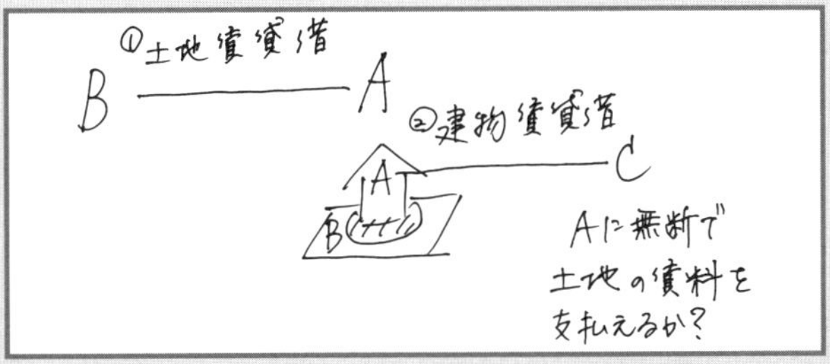

本問におけるＣは法律上の利害関係を有すると判例は解しています。その結果，「正当な利益」を有する者にあたり，原則としてＡの意思に反しても賃料の支払いができます（474条２項）。

学習のヒント

このコーナーでは，横溝先生の著書『行政書士　シンプルで最強な合格戦略』から，学習のヒントとして一部をご紹介します。「なにを，いつまでに，どのように？」学習すべきか，これからの学習戦略に役立ててくださいね。

・問題を「飛ばす」基準は？

試験本番，問題を飛ばす基準がわからないという人は，以下の２点を意識しておくとよいですよ。

① 個数問題は飛ばす。

② 長い問題は飛ばす。

①は，ご存じの方が多いでしょう。

②は，１ページにびっちり問題が掲載されている場合や，ページをまたがっている場合がそれに当たります。

最近の試験ですと，科目の中で①②の基準で飛ばしながら，問題を見ていき，数回往復することでその科目の問題全体に目を通す，というスタンスがよいでしょう。

たとえば，民法だと９問の択一のなかから，最低限５問正解することがノルマです。ですから，「この５問」を的確にヒットすることが重要なんですね。そして，次に残りの４問からどのくらい上乗せできるかにチャレンジします。

これをやらないで１問１問順番に解こうとすると，「取らなくてよい問題」が最初のほうに出てきた場合，そこで止まってしまいます。

最初から合格に必要な正解数を獲得しようとすると，１問わからないことでパニックになるのです。

だから，２段構えでいく。まず，絶対取るべき問題をしっかり取り，そのあと上乗せ問題を取っていくということを意識しましょう。

第4章

債権各論

学習のポイント

まず双務・有償契約の特徴をしっかり押さえましょう。その上で「贈与」「売買」「賃貸借」といった主要契約類型の理解に努めてください。もちろん「事務管理」「不当利得」「不法行為」といった契約以外の法律関係も重要です。

4－1

契約総論

見る問ポイント

同時履行の抗弁権の行使要件や，危険負担の適用場面について正確に理解しておきましょう。

見る問

▶ ＡがＢに対して電器製品を売却する旨の売買契約（両債務に関する履行期日は同一であり，ＡがＢのもとに電器製品を持参する旨が約されたものとする。以下，「本件売買契約」という。）に関する次の記述のうち，民法の規定および判例に照らし，誤っているものはどれか。　〔2015年問32抜粋　答(5)〕

(1)　Ｂが履行期日を過ぎたにもかかわらず売買代金を支払わない場合であっても，Ａが電器製品をＢのもとに持参していないときは，Ａは，Ｂに対して履行遅滞に基づく損害賠償責任を問うことはできない。

ＡとＢの債務の履行期日は同じとされており，ＡがＢのもとに電器製品を持参する旨が約されていたことから，Ａが電器製品をＢのもとに持参していないときは，Ｂに同時履行の抗弁権（533条本文）を行使することが認められます。したがって，ＡがＢに対して履行遅滞に基づく損害賠償責任を問うことはできません。

(2)　Ａが履行期日に電器製品をＢのもとに持参したが，Ｂが売買代金を準備していなかったため，Ａは電器製品を持ち帰った。翌日ＡがＢに対して，電器製品を持参せずに売買代金の支払を求めた場合，Ｂはこれを拒むことができる。

ココを見よう

Aは一度電器製品をBの下に持参していますが，持ち帰っていますね。そして翌日売買代金の支払を求めたとき，電器製品を持参していません。つまり，履行の提供が継続していないといえます。したがって，Bは同時履行の抗弁権を行使して拒むことが可能です。

類題 売買契約の買主は，売主から履行の提供があっても，その提供が継続されない限り，同時履行の抗弁権を失わない。　〔2020年問32(5)〕

(3)　Bが予め受領を拒んだため，Aは履行期日に電器製品をBのもとに持参せず，その引渡しの準備をしたことをBに通知して受領を催告するにとどめた場合，Bは，Aに対して，電器製品の引渡しがないことを理由として履行遅滞に基づく損害賠償責任を問うことはできない。

ココを見よう

Bは予め受領を拒んでいます。そのため，Aが現実の提供をすることは必要なくなり，口頭の提供で足りることになります（493条ただし書）。したがって，BはAに履行遅滞に基づく損害賠償責任を問うことはできません。

(5)　履行期日になってBが正当な理由なく売買代金の支払をする意思がない旨を明確に示した場合であっても，Aは，電器製品の引渡しの準備をしたことをBに通知して受領を催告しなければ，Bに対して履行遅滞に基づく損害賠償責任を問うことができない。

ココを見よう

Bは正当な理由なく売買代金の支払をする意思がない旨を明確に示していますので，契約の存在そのものを否定していると考えられます。とすると，Aはこの場合現実の提供はもちろん，口頭の提供をする必要もありません。そのままでBの履行遅滞に基づく損害賠償責任を追及することができます。

類題 債権者があらかじめ弁済の受領を拒んでいる場合，債務者は，口頭の提供をすれば債務不履行責任を免れるが，債権者において契約そのものの存在を否定する等弁済を受領しない意思が明確と認められるときは，口頭の提供をしなくても同責任を免れる。　〔2018年問31(4)〕

関連過去問1

Aが自己所有の事務機器甲（以下,「甲」という。）をBに売却する旨の売買契約（以下,「本件売買契約」という。）が締結されたが，Bは A に対して売買代金を支払わないうちに甲をCに転売してしまった。Aが甲をまだBに引き渡していない場合において，CがAに対して所有権に基づいてその引渡しを求めたとき，Aは，Bから売買代金の支払いを受けていないときは，同時履行の抗弁権を行使してこれを拒むことができる。
〔2013年問29(2)〕

✎ 同時履行の抗弁は債権関係から発生するものです。したがって，AはBに対してのみ行使することができ，Cには行使できません。

関連過去問2

同時履行の抗弁権に関する次の記述のうち，民法の規定および判例に照らし，妥当なものはどれか。
〔2020年問32抜粋〕

(1) 双務契約が一方当事者の詐欺を理由として取り消された場合においては，詐欺を行った当事者は，当事者双方の原状回復義務の履行につき，同時履行の抗弁権を行使することができない。

✎ 詐欺取消しによる原状回復義務の履行について同時履行の関係が認められています（判例）。

(2) 家屋の賃貸借が終了し，賃借人が造作買取請求権を有する場合においては，賃貸人が造作代金を提供するまで，賃借人は，家屋の明渡しを拒むことができる。

✎ 造作買取請求権と家屋の明渡しは同時履行の関係が認められていません（判例）。

(3) 家屋の賃貸借が終了し，賃借人が敷金返還請求権を有する場合においては，賃貸人が敷金を提供するまで，賃借人は，家屋の明渡しを拒むことができる。

✎ 敷金の返還は，賃貸借が終了し，かつ，賃貸物の返還を受けたときにしなければならないとされています（622条の2第1項1号）。つまり，敷金返還請求権と家屋の明渡しは同時履行の関係に立つことが認められていません。

(4) 請負契約においては仕事完成義務と報酬支払義務とが同時履行の関係に立つため，物の引渡しを要する場合であっても，特約がない限り，仕事を完成させた請負人は，目的物の引渡しに先立って報酬の支払を求めることができ，注文者はこれを拒むことができない。

> 請負契約において仕事完成義務は先履行です。そのため，報酬は仕事の目的物の引渡しと同時に支払わなければいけません（633条本文）。つまり，両者は同時履行の関係に立つことが認められています。

関連過去問3

Ａは Ｂから中古車を購入する交渉を進めていたが，購入条件についてほぼ折り合いがついたので，Ｂに対して書面を郵送して撤回権を留保せずに購入の申込みの意思表示を行った。Ａは，その際，承諾の意思表示について「８月末日まで」と期間を定めて申し入れていたが，その後，契約の成否について疑問が生じ，知り合いの法律家Ｃに相談を持ちかけた。次のア～オのＡの質問のうち，Ｃが「はい，そのとおりです。」と答えるべきものは，どれか。　〔2007年問33改題　答イ・オ〕

ア「私は，申込みの書面を発送した直後に気が変わり，今は別の車を買いたいと思っています。Ｂが承諾の意思表示をする前に申込みを撤回すれば，契約は成立しなかったということになるでしょうか。」

> 答えるべきではありません。
> Ａ（私）はＢに対して，その際，承諾の意思表示について撤回権を留保せずに「８月末日まで」と期間を定めて申し入れています。したがって，８月末日まで撤回することはできません（523条１項）。

イ「Ｂには，『８月末日までにご返事をいただきたい』と申し入れていたのですが，Ｂの承諾の意思表示が私に到着したのは９月２日でした。消印を見るとＢはそれを９月１日に発送したことがわかりました。そこで私は，これをＢから新たな申込みがなされたものとみなして承諾したのですが，契約は成立したと考えてよいでしょうか。」

> 答えるべきです。
> Ｂの承諾の通知は，申込期限を過ぎてから発送され，Ａのもとに到着しています。この場合，Ａの申込みの意思表示は効力を失いますが（523条２項），Ｂの意思表示を新たな申込みとみなすことができますので（524条），それに対してＡが承諾の意思表示をすることで契約は成立します。

ウ 「Ｂからは８月末を過ぎても何の通知もありませんでしたが，期間を過ぎた以上，契約は成立したと考えるべきでしょうか。実は最近もっとよい車を見つけたので，そちらを買いたいと思っているのですが。」

> ✎ 答えるべきではありません。
> Ｂから８月末までに何の通知もなかったのですから，Ａの申込みの意思表示は効力を失うことになります（523条２項）。ですから，契約は成立していません。

エ 「Ｂは，『売ってもよいが，代金は車の引渡しと同時に一括して支払ってほしい』といってきました。Ｂが売るといった以上，契約は成立したのでしょうが，代金一括払いの契約が成立したということになるのでしょうか。実は私は分割払いを申し入れていたのですが。」

> ✎ 答えるべきではありません。
> Ａの分割払いの申入れに対して，一括で払ってほしいとＢが伝えてきています。これはＡの申込みの内容を変更した上での承諾です。これは新たな申込みをしたものとみなされます（528条）。したがって，この時点で契約は成立しませんね。

オ 「Ｂの承諾の通知は８月28日に郵送されてきました。私の不在中に配偶者がそれを受け取り私のひきだしにしまい込みましたが，そのことを私に告げるのをうっかり忘れていましたので，私がその通知に気がついたのは９月20日になってからでした。私は，Ｂが車を売ってくれないものと思って落胆し，すでに別の車を購入してしまいました。もう，Ｂの車は要らないのですが，それでもＢとの売買契約は成立したのでしょうか。」

> ✎ 答えるべきです。
> Ｂの承諾が８月28日に到達している以上，ここで契約は成立しています。この到達に関しては，Ａが知ることができる状態になっていれば足り，実際に知ったかどうかは問題になりません。

４－２

解　　除

見る問ポイント

履行遅滞解除・履行不能解除の要件と効果をしっかり押さえておきましょう。そして，いずれの場合も，解除の意思表示が必要であることはお忘れなく。

見る問

▶　契約の解除に関する次のア～オの記述のうち，民法の規定および判例に照らし，妥当なものはどれか。　〔2013年問31抜粋　答ウ・オ〕

ア　Aが，その所有する建物をBに売却する契約を締結したが，その後，引渡しまでの間にAの火の不始末により当該建物が焼失した。**Bは，引渡し期日が到来した後でなければ，当該売買契約を解除することができない。**

当該建物が焼失した時点で，Aの引渡し債務は履行不能となっています。この場合，Bは引渡し期日を待たずに，催告なしで解除の意思表示をすることが可能です（542条１項１号）。

イ　Aが，その所有する建物をBに売却する契約を締結したが，その後，引渡し期日が到来してもAはBに建物を引き渡していない。Bが，期間を定めずに催告した場合，**Bは改めて相当の期間を定めて催告をしなければ，当該売買契約を解除することはできない。**

ココを見よう

541条本文では，相当の期間を定めて履行の催告をし，その期間内に履行がないときは契約の解除ができるとしています。ただ，相当期間を定めずに履行の催告をしてもかまいません。その場合は，相当期間が経過した時点で解除権が発生します。

ウ　AとBが，その共有する建物をCに売却する契約を締結したが，その後，AとBは，引渡し期日が到来してもCに建物を引き渡していない。Cが，当該売買契約を解除するためには，Aに対してのみ解除の意思表示をするのでは足りない。

ココを見よう

CはA・B双方に解除の意思表示をしなければいけません（544条1項）。

オ　Aが，B所有の自動車をCに売却する契約を締結し，Cが，使用していたが，その後，Bが，所有権に基づいてこの自動車をCから回収したため，Cは，A・C間の売買契約を解除した。この場合，Cは，Aに対しこの自動車の使用利益（相当額）を返還する義務を負う。

ココを見よう

545条2項により金銭の返還の際には，受領の時からの利息を付けることが求められています。それとのバランスを図るために，給付された物の使用利益も返還するべきと545条3項に規定されています。

関連過去問1

Ｃは Ｄとの間で，Ｃ所有の自動車を，代金後払い，代金額150万円の約定でＤに売却する契約を締結した。Ｃは自動車の引き渡しを完了したが，代金支払期日を経過してもＤからの代金の支払いがない。そこでＣはＤに対して相当の期間を定めて代金を支払うよう催告したが，期日までに代金の支払いがない。この場合，Ｃ・Ｄ間の売買契約は法律上当然に効力を失う。〔2009年問30イ〕

✎ ＣがＤに対して相当の期間を定めて代金を支払うよう催告したが，期日までに代金の支払いがない場合，Ｃは解除権を行使することができるようになります（541条本文）。当然に効力を失うわけではなく，解除の意思表示をすることが必要です。

関連過去問2

履行期日にＡが電器製品を持参したにもかかわらず，Ｂが売買代金の支払を拒んだ場合，原則としてＡは，相当期間を定めて催告した上で本件売買契約を解除することができる。〔2015年問32(4)改題〕

✎ Ｂは履行期日に支払をしていませんので，履行遅滞に陥っています。この場合，541条本文によると，Ａは，相当期間を定めて催告した上で本件売買契約を解除することができます。ただし，債務の不履行が契約及び取引上の社会通念に照らし軽微であるときは解除できません（541条ただし書）。

4－3

贈与等

見る問ポイント

書面によらない贈与，負担付贈与，定期贈与，死因贈与の特徴をきちんと整理しておきましょう。

見る問

▶ Aは，自己所有の甲建物をBに贈与する旨を約した（以下，「本件贈与」という）。この場合に関する次の記述のうち，民法の規定および判例に照らし，妥当なものはどれか。

〔2015年問33改題　答(3)〕

(1) 本件贈与が口頭によるものであった場合，贈与契約は諾成契約であるから契約は成立するが，書面によらない贈与につき贈与者はいつでも解除することができるため，**甲がBに引き渡されて所有権移転登記手続が終了した後であっても，Aは本件贈与を解除することができる。**

たしかに書面によらない贈与は各当事者が解除できることを認めています（550条本文）。ただし，履行の終わった部分は解除できないともされていますね（同条ただし書）。

不動産の贈与の場合，引渡しまたは移転登記の完了のどちらかが終わっていれば，「履行が終わった」と評価されます。したがって，本肢におけるAは解除することはできません。

(2) 本件贈与が書面によるものであるというためには，Aの贈与意思の確保を図るため，AB間において贈与契約書が作成され，作成日付，目的物，移転登記手続の期日および当事者の署名押印が**されていなければならない。**

ココを見よう

もちろん契約書が作成されていれば,「書面」による贈与であると評価されることはいうまでもありません。ただ，必ずしも契約書であることは求められません。たとえば，贈与者が契約外の第三者である登記名義人に対して,「土地をCに贈与したので，所有権移転登記手続きはCに対してしてほしい」という内容証明郵便を送った場合でも，その書面により贈与の存在を「確実に看取しうる程度の記載」として十分だと判例はしています。

⑶　本件贈与につき書面が作成され，その書面でAが死亡した時に本件贈与の効力が生じる旨の合意がされた場合，遺言が撤回自由であることに準じて，Aはいつでも本件贈与を撤回することができる。

ココを見よう

死因贈与も遺贈も，どちらも生前いつでも自由に撤回できます。

	死因贈与	遺　贈
法的性質	契約	単独行為
単独で有効にできる年齢	20歳	15歳
形　式	自由	厳格に法定
撤回の可否	自由	自由

⑷　本件贈与につき書面が作成され，その書面でBがAの老後の扶養を行うことが約された場合，**BがAの扶養をしないときであっても**，甲の引渡しおよび所有権移転登記手続が終了していれば，**Aは本件贈与を解除することができない。**

ココを見よう

この贈与契約は負担付贈与です。この場合，双務契約の規定が準用されるので受贈者が負担を履行しない場合，贈与契約を解除できます(553条)。

類題 贈与契約において，受贈者が，受贈の見返りとして贈与者を扶養する義務を負担していたにもかかわらず，この扶養する義務の履行を怠る場合には，贈与者は，贈与契約を解除することができる。〔2011年問32⑴〕

(5) 本件贈与につき書面が作成され，その書面で，Bが A の老後の扶養を行えばAが死亡した時に本件贈与の効力が生じる旨の合意がされた場合，Bが上記の負担を全部またはこれに類する程度まで履行したときであっても，特段の事情がない限り，**Aは本件贈与を撤回することができる。**

この贈与契約は負担付死因贈与契約です。この場合，受贈者が負担の全部またはこれに類する程度まで履行したのであれば，(3)で述べたように撤回がいつでも自由にできるわけではないとするのが判例の立場です。したがって，Aは本件贈与を撤回することができません。

関連過去問

無償契約に関する次の記述のうち，民法の規定および判例に照らし，妥当なものはどれか。〔2012年問32抜粋　答(1)〕

(1) 定期の給付を目的とする贈与は，贈与者または受贈者の死亡によって，その効力を失う。

定期贈与は当事者の人的関係に基づいて行われることが多いため，贈与者・受贈者のどちらが死亡した場合でもその効力を失うとされています（552条）。

プラスα　善管注意義務

① 留置権者（298条１項）
② 質権者（350条，298条１項）
③ 特定物の引渡債務者（400条）
④ 使用貸借における借主（593条，400条）
⑤ 賃借人（601条，400条）
⑥ 有償の受寄者（657条，400条）
⑦ 委任契約における受任者の事務処理（644条）
⑧ 事務管理者の事務処理（698条反対解釈）

4－4

賃貸借

見る問ポイント

賃貸借契約に関しては，当事者の変更（賃貸人たる地位の移転，賃借権の譲渡・転貸）が論点の中心です。まずここからしっかり理解するようにしてください。

見る問

▶　A所有の甲土地をBに対して建物所有の目的で賃貸する旨の賃貸借契約（以下，「本件賃貸借契約」という。）が締結され，Bが甲土地上に乙建物を建築して建物所有権保存登記をした後，AがCに甲土地を売却した。この場合に関する次の記述のうち，民法の規定および判例に照らし，妥当でないものはどれか。
〔2020年問33　答(2)〕

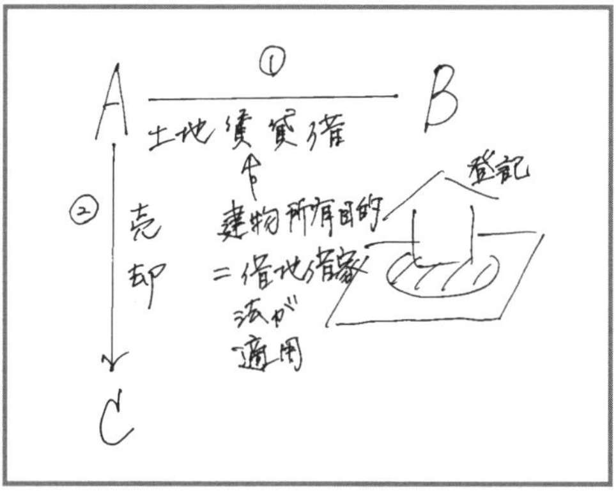

(1)　本件賃貸借契約における賃貸人の地位は，別段の合意がない限り，AからCに移転する。

ココを見よう

Bは建物所有目的でA所有の甲土地を借りています。この土地賃借権は，土地上に立てた建物の所有権登記によって，対抗力を備えたことになります（借地借家法10条）。そしてBが賃貸借の対抗要件を備えている場合，甲土地がAからCに売却されても，新所有者Cに対して賃借権を対抗できます。つまり，賃貸人たる地位がAからCに移転するということです（605条の2第1項）。

(2) 乙建物の所有権保存登記がBと同居する妻Dの名義であっても，Bは，Cに対して，**甲土地の賃借権をもって対抗することができる。**

ココを見よう

借地借家法10条が求める建物登記は土地の賃借人名義でなければいけません（判例）。建物の所有権保存登記が同居している妻Dの名義であっても，土地の賃借権の対抗要件とはならない点に注意してください。

(3) Cは，甲土地について所有権移転登記を備えなければ，Bに対して，本件賃貸借契約に基づく賃料の支払を請求することができない。

ココを見よう

Bが土地賃借権の対抗要件を備えている場合，AがCに甲土地を売却すると，Bの承諾を得ることなしに，当然に賃貸人たる地位がCに移転します（605条の2第1項）。つまり，Bが知らないうちに賃貸人が代わっていることになりますので，Cは甲土地の所有権移転登記を備えないと，賃貸人たる地位の移転をBに対抗することはできません（605条の2第3項）。よって，賃料の支払いを請求することはできません。

類題 Aは，B所有の甲土地上に乙建物を建てて保存登記をし，乙建物をCが使用している。Aが，Bとの間の土地賃貸借契約に基づいて乙建物を建て，Cとの間の建物賃貸借契約に基づいてCに乙建物を使用させている場合，乙建物の所有権をAから譲り受けたBは，乙建物についての移転登記をしないときは，Cに対して乙建物の賃料を請求することはできない。

〔2013年問32イ〕

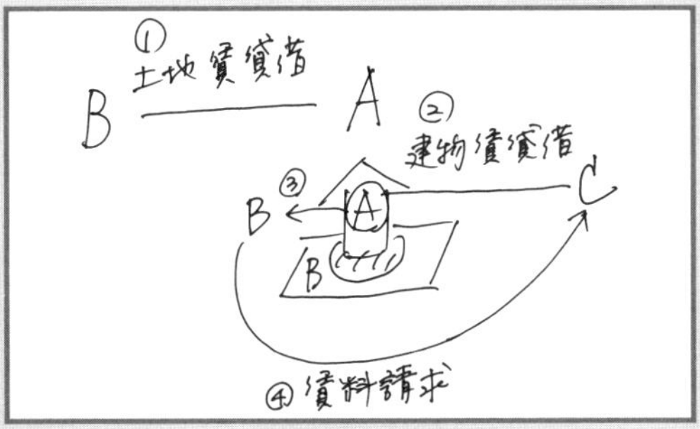

⑷　本件賃貸借契約においてＡからＣに賃貸人の地位が移転した場合，Ｂが乙建物について賃貸人の負担に属する必要費を支出したときは，Ｂは，Ｃに対して，直ちにその償還を請求することができる。

ココを見よう

賃貸人たる地位が移転した場合，Ｂからの必要費の償還債務は，Ｃが承継することになります（605条の２第４項）。必要費の償還請求は支出後直ちにできますね（608条１項）。

よって，ＢはＣに対して直ちに償還請求ができます。

⑸　本件賃貸借契約の締結にあたりＢがＡに対して敷金を交付していた場合において，本件賃貸借契約が期間満了によって終了したときは，Ｂは，甲土地を明け渡した後に，Ｃに対して，上記の敷金の返還を求めることができる。

ココを見よう

賃貸借契約が期間満了によって終了したときは，賃貸物の返還を受けたときに敷金を返還しなければいけません（622条の２第１項１号）。

そして賃貸人たる地位の移転があった場合，譲受人が返還債務も承継します（605条の２第４項）。

関連過去問1

Ａは，Ｂ所有の甲土地上に乙建物を建てて保存登記をし，乙建物をＣが使用している。Ａが，Ｂとの間の土地賃貸借契約に基づいて乙建物を建てている場合，Ａが，Ｃに対して乙建物を売却するためには，特段の事情のない限り，甲土地にかかる賃借権を譲渡することについてＢの承諾を得る必要がある。〔2013年問32エ〕

> 乙建物を売却する場合，従たる権利として甲土地の賃借権も合わせて譲渡されることになります。だとすれば，甲土地の賃借権の譲渡には，Ｂの承諾が必要ですね（612条１項）。

関連過去問2

建物が転貸された場合における賃貸人（建物の所有者），賃借人（転貸人）および転借人の法律関係に関する次のア～オの記述のうち，民法の規定および判例に照らし，妥当なものはどれか。〔2019年問32　答ア・オ〕

ア　賃貸人の承諾がある転貸において，賃貸人が当該建物を転借人に譲渡し，賃貸人の地位と転借人の地位とが同一人に帰属したときであっても，賃借人と転借人間に転貸借関係を消滅させる特別の合意がない限り，転貸借関係は当然には消滅しない。

> 承諾転貸において，賃貸人が転借人に当該建物を譲渡した場合，両者の間で転貸借関係を消滅させる旨の特別の合意がない限り，転貸借関係は当然には消滅しないとするのが判例の立場です。

イ　賃貸人の承諾がある転貸において，賃借人による賃料の不払があったときは，賃貸人は，**賃借人および転借人に対してその支払につき催告しなければ**，原賃貸借を解除することができない。

> この場合，賃貸人は賃借人に対してだけ催告すれば原賃貸借を解除できます。転借人に催告して支払の機会を与える必要はありません。

ウ　賃貸人の承諾がある転貸であっても，これにより賃貸人と転借人間に賃貸借契約が成立するわけではないので，**賃貸人は，転借人に直接に賃料の支払を請求することはできない。**

> ✎承諾転貸の場合，転借人は，賃貸人に対して転貸借に基づく債務を直接履行する義務を負います。ただし，賃貸人と賃借人との間の賃貸借に基づく賃借人の債務の範囲を限度とします（613条1項）。

エ　無断転貸であっても，賃借人と転借人間においては転貸借は有効であるので，**原賃貸借を解除しなければ，賃貸人は，転借人に対して所有権に基づく建物の明渡しを請求することはできない。**

> ✎この場合，賃貸人は原賃貸借を解除することなく，転借人に対して所有権に基づく建物の明渡しを請求することができます。

オ　無断転貸において，賃貸人が転借人に建物の明渡しを請求したときは，転借人は建物を使用収益できなくなるおそれがあるので，賃借人が転借人に相当の担保を提供していない限り，転借人は，賃借人に対して転貸借の賃料の支払を拒絶できる。

> ✎賃貸借契約は有償契約です。そこで559条により576条の準用が認められます。したがって，不動産の賃貸借契約において，目的不動産について権利を有すると主張する第三者から明渡し請求を受けた賃借人にも，賃料支払拒絶が認められます。このことは無断転貸において賃貸人から建物の明渡し請求を受けた転借人についても同様です。

関連過去問3

Ａは自己所有の甲建物をＢに賃貸し（以下，この賃貸借を「本件賃貸借」という。），その際，ＢがＡに対して敷金（以下，「本件敷金」という。）を交付した。この場合に関する次の記述のうち，民法の規定および判例に照らし，妥当なものはどれか。

〔2012年問33　答(2)〕

(1)　本件賃貸借において，Ｂが甲建物のために必要費および**有益費を支出**した場合，特約がない限り，Ｂはこれらの費用につき，直ちにＡに対して償還請求することができる。

> ✎「直ちに」償還請求できるのは，必要費の場合です（608条1項）。有益費は「賃貸借の終了の時」に償還請求できるにすぎません（同条2項）。

(2)　ＢがＡの承諾を得て本件賃貸借に基づく賃借権をＣに譲渡した場合，特段の事情がない限り，ＡはＢに対して本件敷金を返還しなければならない。

賃借権の譲渡により，賃貸人は賃借人に対し，受け取った敷金の額から賃貸借に基づいて生じた賃借人の貸貸人に対する金銭の給付を目的とする債務の額を控除した残額を返還しなければなりません（622条の２第１項第２号）。

(3)　ＢがＡの承諾を得て甲建物をＤに転貸したが，その後，Ａ・Ｂ間の合意により本件賃貸借が解除された場合，Ｂ・Ｄ間の転貸借が期間満了前であっても，ＡはＤに対して甲建物の明渡しを求めることができる。

賃貸借契約が存在していることが転貸借契約の大前提です。とすれば，賃貸借契約を「合意解除」し，それを転借人に対抗できることを認めてしまうと，賃貸人と貸借人間の合意で転借人を追い出すことができることになってしまいます。それは認められないとするのが判例の立場です。

類題　Ａは，Ｂ所有の甲土地上に乙建物を建てて保存登記をし，乙建物をＣが使用している。Ａが，Ｂとの間の土地賃貸借契約に基づいて乙建物を建て，Ｃとの間の建物賃貸借契約に基づいてＣに乙建物を使用させている場合，Ａ・Ｂ間で当該土地賃貸借契約を合意解除したとしても，特段の事情のない限り，Ｂは，Ｃに対して建物の明渡しを求めることはできない。　〔2013年問32オ〕

Ａ・Ｂ間で土地賃貸借契約を合意解除しても，乙建物をＡから借りているＣに対しては原則としてそのことを対抗できません（判例）。Ｃの立場を保護するためですね。

(4)　ＢがＡの承諾を得て甲建物をＥに転貸したが，その後，Ｂの賃料不払いにより本件賃貸借が解除された場合，Ｂ・Ｅ間の転貸借が期間満了前であれば，ＡはＥに対して甲建物の明渡しを求めることはできない。

賃貸借契約が賃借人の債務不履行で解除された場合は，そのことを賃貸人は転借人に対抗できるとするのが判例の立場です。ですから，期間満了前であっても明渡しを求めることが可能です。

(5)　ＡがＦに甲建物を特段の留保なく売却した場合，甲建物の所有権の移転とともに賃貸人の地位もＦに移転するが，現実にＦがＡから本件敷金の引渡しを受

けていないときは，Ｂ・Ｆ間の賃貸借の終了時にＦはＢに対して本件敷金の返還義務を負わない。

> ✎賃貸人の地位が移転した場合，敷金関係も前賃貸人と賃借人との間で清算すべきものを清算したあと，新賃貸人に引き継がれます（判例）。このことは，現実に敷金の引渡しを受けたかどうかによって影響を受けることがありません。

関連過去問４

物の貸借に関する次のア～オの記述のうち，民法の規定に照らし，それが，使用貸借の場合にも賃貸借の場合にも当てはまるものはどれか。〔2018年問32　答ア・オ〕

ア　借主は，契約またはその目的物の性質によって定まった用法に従い，その物の使用および収益をしなければならない。

> ✎使用貸借の場合，借主は，契約または目的物の性質によって定まった用法に従い，その者の使用および収益をしなければいけません（594条１項）。賃貸借の場合，594条１項が準用されていますので，同様です（616条）。

イ　借主は，目的物の使用および収益に必要な修繕費を負担しなければならない。

> ✎使用貸借の場合，借主は借用物の通常の必要費は自己負担です（595条１項）。賃貸借の場合，必要費は本来賃貸人の負担であり（606条１項），それを賃借人が支出した場合は，直ちにその償還を請求することができます（608条１項）。つまり，賃借人が負担することはありません。

類題　使用貸借においては，借用物の通常の必要費については借主の負担となるのに対し，有益費については貸主の負担となり，その償還の時期は使用貸借の終了時であり，**貸主の請求により裁判所は相当の期限を許与することはできない。**〔2012年問32(3)〕

> ✎使用貸借契約における借主が支出した特別の必要費と有益費については，583条２項の規定を準用します（595条２項）。したがって，それらの費用償還請求のルールは196条に従って処理されます。
> 具体的には，特別の必要費は原則として使用貸借の終了時に請求できます。有益費は使用貸借の終了時に価格の増加が現

存する場合に限り，貸主の選択に従い，その支出した金額または増加額を償還させることができます。そして有益費は，裁判所は貸主の請求により償還について相当の期限を許与することができます。

ウ　借主は，目的物を返還するときに，これに附属させた物を収去することはできない。

✎使用貸借の場合，借主は，目的物に附属させた物がある場合には，契約終了時に，それを収去する義務を負います（599条1項）。この収去は借主の権利でもあります（599条2項）。
賃貸借の場合も，622条により599条1項2項が準用されていますので，同様です。

エ　貸借契約は，借主の死亡によって，その効力を失う。

✎使用貸借は，「借主」の死亡によって終了します（597条3項）。賃貸借の場合，賃借人が死亡した場合，その相続人がその地位を承継しますので，契約が効力を失うことはありません。

オ　契約の本旨に反する使用または収益によって生じた損害の賠償および借主が支出した費用の償還は，貸主が借主から目的物の返還を受けた時から1年以内に請求しなければならない。

✎使用貸借の場合，契約の本旨に反する使用または収益によって生じた損害の賠償および借主が支出した費用の償還は，貸主が返還を受けた時から1年以内に請求しなければいけません（600条1項）。賃貸借の場合も，622条において600条が準用されていますので，同様です。

プラスα

	必要費		有益費
	通常	特別	
使用貸借	借主が負担（595条1項）	返還時に請求（595条2項）	196条2項に従って返還時に請求 ・使用貸借⇒595条2項 ・賃貸借⇒608条2項
賃貸借	直ちに請求（608条1項）		

4－5

請　　負

見る問ポイント

請負契約については，仕事の完成が先履行であることや下請けに出すことが原則として自由であることを特に押さえておきましょう。

見る問

▶ 次のア〜エの記述は，木造建物建築工事についての発注者Aと受注者Bとの間で締結された請負契約の約定の一部である。このうち，約定の内容が，民法の規定の内容と異なるもの，または民法に規定されていないものはどれか。〔2011年問34　答ウ・エ〕

ア　Aの請負代金の支払いは，Bの本契約の目的物の引渡しと同時になされるものとする。

請負人の仕事の完成は先履行ですね。その結果，代金の支払いは目的物の引渡しと同時履行の関係に立つことになります（633条本文）。

類題 請負の報酬は，仕事の目的物の引渡しを要する場合でも，**仕事の目的物の完成時に注文者が請負人に対して支払わなければならない。**
〔2006年問32ア〕

イ　Aは，本契約の目的物に瑕疵があるときは，その瑕疵の補修（修補）に代え，または補修（修補）とともに，瑕疵に基づく損害賠償をBに求めることができる。

改正前民法に規定されていた「請負人の担保責任」の規定は削除されました。請負契約は有償契約ですので，559条により契約不適合責任の規定（562条以下）が準用されます。

よって，まず目的物の修補請求ができます（559条・562条1項）。また損害賠償を求めることもできます（559条・564条）。これらは両方請求することも，損害賠償だけ請求することも可能です。

ウ　工事の遅延が，不可抗力によるとき，または正当な理由があるときは，Bは，速やかにその事由を示して，Aに工期の延長を求めることができる。

エ　Bの責めに帰すことができない工事の遅延または中止があるときは，Bは，この契約を解除することができる。

ウ・エとも，このような規定は民法上存在していません。

関連過去問1

契約類型に応じた契約解除の相違に関する次の記述のうち，判例に照らし，妥当でないものはどれか。　〔2011年問32抜粋　答(2)〕

(2)　売買契約において買主から売主に解約手付が交付された場合に，売主が売買の目的物である土地の移転登記手続等の自己の履行に着手したときは，**売主は，まだ履行に着手していない買主に対しても，手付倍返しによる解除を主張することはできない。**

✎買主から売主に解約手付が交付された場合，相手方が履行に着手するまでであれば，買主はその手付を放棄し，売主はその倍額を現実に提供して契約の解除ができます（557条1項）。本肢のように売主が履行に着手したとき，買主からの解約手付による解除はできませんが，買主はまだ履行に着手していませんので売主からの解約手付による解除は可能です。

(3)　賃貸借契約において，賃借人の賃借物に対する使用方法が著しく信頼関係を破壊するものである場合には，賃貸人は，催告を要せずにただちに契約を解除することができる。

> ✎賃貸借契約のような継続的契約においては，当事者間の信頼関係は非常に重要です。賃借人の用法遵守義務違反があった場合，それが信頼関係を破壊する場合には，賃貸人は催告をしたうえで解除することができます。また，賃借人の賃借物の使用方法が著しく信頼関係を破壊するものである場合は，催告なしでいきなり解除することもできます。
> いずれの場合も，解除の効果は将来効です（620条）。

(4)　委任契約において，その契約が受任者の利益のためにもなされた場合であっても，受任者が著しく不誠実な行動に出た等のやむを得ない事情があるときはもちろん，また，そのような事情がないときでも，委任者が解除権自体を放棄したとは解されないときは，委任者は，自己の利益のためになお解除権を行使することができる。

> ✎委任契約は各当事者（委任者・受任者）がいつでも解除することができます（651条1項）。
> その委任契約が受任者の利益をも目的とするものだった場合でも，委任者が解除することはできますが，受任者の損害を賠償しなければならないとされています（651条2項2号）。ただし，受任者の不誠実な行動などやむを得ない事由があったときは，賠償することなく解除できます（651条2項ただし書）。

(5)　建物の工事請負契約において，工事全体が未完成の間に注文者が請負人の債務不履行を理由に契約を解除する場合には，工事内容が可分であり，しかも当事者が既施工部分の給付に関し利益を有するときは，既施工部分については契約を解除することができず，未施工部分について契約の一部解除をすることができるにすぎない。

> ✎請負契約が仕事の完成前に解除される場合，請負人が既にした仕事の結果のうち，可分な部分の給付によって注文者が利益を受けるとき，その部分を仕事の完成とみなします（634条2号）。たとえば本肢のような建物の工事の場合，途中まで完成していれば，そこまでで注文者が利益を受けていると評価できますので，その部分を仕事の完成とみなすということです。

よって，634条２号の解除は，一部解除のことを指し，既施工部分についての解除は認められません。

関連過去問２

無償契約に関する次の記述のうち，民法の規定および判例に照らし，妥当なものはどれか。 〔2012年問32抜粋〕

(4) 委任が無償で行われた場合，受任者は委任事務を処理するにあたり，**自己の事務に対するのと同一の注意をもって**これを処理すればよい。

委任契約における受任者は，有償無償を問わず，委任の本旨に従い，善良な管理者の注意をもって，委任事務を処理する義務を負っています（644条）。

(5) 寄託が無償で行われた場合，受寄者は他人の物を管理するにあたり，**善良なる管理者の注意をもって**寄託物を保管しなければならない。

無報酬の受寄者は，善管注意義務ではなく，自己の財産に対するのと同一の注意をもって，寄託物を保管する義務を負います（659条）。

4－6

組　　合

見る問ポイント

各当事者が出資をして共同の事業を営むことを約することによって成立する契約のことを「組合契約」といいます（667条1項）。

見る問

▶　A，B，C，D，Eの5人が，各自で出資をして共同の事業を営むことを約して組合を設立した場合に関する次の記述のうち，民法の規定および判例に照らし，正しいものはどれか。〔2013年問33　答(5)〕

(1)　Aは，組合の常務について**単独で行うことはできず，総組合員の過半数の賛成が必要であるから，Aのほか2人以上の組合員の賛成を得た上で行わなければならない。**

本肢の組合は，業務執行者を決めていません。この場合，組合の常務については原則として各組合員が単独で行うことができます。もちろん常務が完了する前に他の組合員から異議が述べられた場合はそこで中止しないといけません（670条5項）。

いずれにしても，総組合員の過半数の賛成は不要です。

(2)　組合契約でA，B，Cの3人を業務執行者とした場合には，組合の業務の執行は，A，B，C**全員の合意で決しなければならず，AとBだけの合意では決することはできない。**

ココを見よう

本肢のように業務執行者を複数置くことを決めた場合，組合の業務は原則としてその過半数で決定しなければなりません（670条3項）。ただこの場合でも，組合の業務を総組合員の同意で決定することも可能です（670条4項）。

いずれにしても，本肢は，業務執行者であるＡ，Ｂ，Ｃ全員の合意がないといけないとしている点が誤りですね。

⑶　組合契約で組合の存続期間を定めない場合に，Ａは，**やむを得ない事由があっても，組合に不利な時期に脱退することはできない。**

ココを見よう

組合契約の存続期間を定めなかったときは，各組合員はいつでも脱退することができます。ただし，組合に不利な時期での脱退は，やむを得ない事由がある場合を除き，認められません（678条1項）。

本肢は，やむを得ない事由があっても不利な時期での脱退はできないとしている点が誤りです。

なお，存続期間を定めた場合でも，やむを得ない事由があるときは脱退が認められています（678条2項）。

⑷　やむを得ない事由があっても任意の脱退を許さない旨の組合契約がある場合に，Ａは，**適任者を推薦しない限り当該組合を脱退することはできない。**

ココを見よう

678条は，存続期間の定めの有無にかかわらず，やむを得ない事由がある場合には，各組合員が組合から任意に脱退できる旨を規定したと理解されています。これは強行規定であり，これに反する規定は無効とするのが判例の立場です。

本肢のように，適任者を推薦しない限り脱退できないわけではありません。

類題　組合契約において，組合員はやむを得ない事由があっても任意に脱退することができない旨の約定が存する場合であっても，**組合員の脱**

退に関する民法の規定は強行法規ではないから，かかる約定の効力が否定されるものではない。　〔2018年問27(3)〕

(5)　組合財産に属する特定の不動産について，第三者が不法な保存登記をした場合に，Ａは，単独で当該第三者に対して抹消登記請求をすることができる。

組合財産は総組合員の共有に属すると668条は規定しています。

	持分権について	目的物全体について
共有（249条）	いつでも譲渡や分割請求が可能（256条１項）。	共有者全員の同意が必要（変更行為，251条）。
合有（668条）	譲渡は制限されている（676条１項）。また清算前の分割請求はできない（676条３項）。	持分権に関する扱いと同じ。
総有	構成員は持分権を有しないので，その譲渡も分割請求もできない。	持分権に関する扱いと同じ。

このように，668条の「共有」は249条以下の「共有」とは違う概念です。

ただ，いわゆる保存行為について扱いは変わらないとするのが判例の立場です。したがって，本肢のような不法な保存登記の抹消登記請求は，各組合員が単独で行うことができます。

類題　団体Ｂが組合である場合には，自然人Ａは，**いつでも組合財産についてＡの共有持分に応じた分割を請求することができる。**

〔2017年問27ウ〕

類題　Ｘ会が民法上の組合である場合，組合員であるＡ，Ｂ，ＣおよびＤは，Ｘ会の組合財産につき持分権を有するが，Ｘ会が解散して清算が行われる前に組合財産の分割を求めることはできない。

〔2014年問27(4)〕

関連過去問１

自然人Ａ（以下「Ａ」という。）が団体Ｂ（以下「Ｂ」という。）に所属している場合に関する次の記述のうち，民法の規定および判例に照らし，妥当なものはどれか。　〔2017年問27抜粋〕

エ　Bが組合であり，Aが組合の業務を執行する組合員である場合は，**Aは，組合財産から当然に報酬を得ることができる。**

> ✎組合契約における業務執行者については，委任契約の規定が準用されています（671条）。準用されている規定のなかには，648条1項も含まれていますので，特約がなければ業務執行者は報酬を請求することはできません。

オ　Bが組合であり，Aが組合の業務を執行する組合員である場合に，組合契約によりAの業務執行権限を制限しても，組合は，善意無過失の第三者には対抗できない。

> ✎組合契約で業務執行者の権限を制限しても，善意無過失の第三者には対抗できないとするのが判例の立場です。

関連過去問2

A，B，CおよびDは，共同で事業を営む目的で，「X会」という団体を設立した。X会が民法上の組合である場合，X会の取引上の債務については，X会の組合財産がその債務のための責任財産になるとともに，組合員であるA，B，CおよびDも，各自が損失分担の割合または等しい割合で責任を負う。

〔2014年問27(2)改題〕

> ✎組合の債権者は組合財産についてその権利を行使できます（675条1項）。ですから，まずは「X会」の組合財産が責任財産になるということです。あわせて，組合の債権者は，各組合員で，674条により定めた損失分担の割合または等しい割合で，請求をすることもできます。ただし，その債権者が債権発生当時，各組合員の損失分担の割合を知っていたときは，その割合でのみ請求をすることができます（675条2項）。
> したがって，ABCDはいずれにしても各自が損失分担の割合または等しい割合で責任を負うことになるので，本肢は正しいですね。

４－７

事務管理

見る問ポイント

「依頼のない委任」である事務管理は委任との比較が重要です。

見る問

▶　Aの隣人であるBは，Aの不在の間に台風によってA所有の甲建物（以下，「甲」という。）の屋根が損傷したため修繕を行った。この場合に関する次の記述のうち，民法の規定および判例に照らし，妥当なものはどれか。

〔2011年問33　答(1)〕

(1)　Bは，Aからあらかじめ甲の管理を頼まれていなかったにもかかわらず，Aのために修繕を行ったが，強風に煽られて屋根から落下してしまい，受傷した。この場合に，Bは，Aに対して損害賠償を請求することができない。

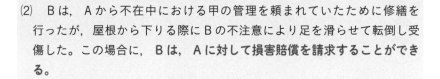

Ｂの行為は事務管理にあたります。事務管理には650条３項は準用されていません。したがって，ＢはＡに損害賠償請求できません。

(2)　Bは，Aから不在中における甲の管理を頼まれていたために修繕を行ったが，屋根から下りる際にBの不注意により足を滑らせて転倒し受傷した。この場合に，**Bは，Aに対して損害賠償を請求することができる。**

ココを見よう

A・B間には「準委任契約」が存在しています。したがって650条3項により，準委任事務の処理にあたりBに過失がなく損害を受けた場合は，Aに損害賠償請求をすることができます。

本問では，Bの不注意により足を滑らせて転倒し受傷していますので，損害賠償請求はできません。

(3)　Bは，Aからあらかじめ甲の管理を頼まれていなかったにもかかわらず，Aのために修繕を行ったが，それがAにとって有益であるときは，**Bは，Aに対して報酬を請求することができる。**

ココを見よう

Bの行為は事務管理にあたります。BがAのために有益な費用を支出したときは，Aに対して費用償還請求をすることができますが，報酬請求はできません（702条1項）。

類題 BがAから甲建物の管理を頼まれていなかった場合であっても，Bは，Aに対して窓ガラスを取り換えるために支出した費用を請求することができる。〔2019年問33(2)〕

(4)　Bは，Aからあらかじめ甲の管理を頼まれていなかったにもかかわらず，工務店を営むCに修繕を請け負わせた。このようなBの行為は，Aのための事務管理にあたるから，**これによりCは，Aに対して工事代金の支払いを直接に請求することができる。**

ココを見よう

Cとの請負契約はB・C間で成立しています。したがって，Cは Aに対して工事代金の支払いを請求することはできません。この場合，CはBに工事代金を請求し，BはAに代弁済請求することができます（702条2項）。

類題 BがAから甲建物の管理を頼まれていなかった場合であっても，Bが自己の名において窓ガラスの取換えを業者Cに発注したときは，Bは，Aに対して自己に代わって代金をCに支払うことを請求することができる。〔2019年問33(3)〕

(5)　Bは，Aからあらかじめ甲の管理を頼まれていなかったにもかかわらず，工務店を営むCに修繕を請け負わせたが，実はAがCによる修繕を望んでいないことが後になって判明した。このような場合，**甲にとって必要不可欠な修繕であっても，Bは，Aに対してその費用の支払いを請求することができない。**

ココを見よう

Bの行為は事務管理にあたります。事務管理が終わったあと，本人の意思に反していたことが判明した場合，事務管理にかかった費用は，現存利益の範囲内で償還請求することができるとされています（702条3項）。全く支払いを請求することができないわけではありません。

プラスα　事務管理に準用される委任の規定（701条，702条2項）

① 受任者による報告（645条）
② 受任者による受取物の引渡し等（646条）
③ 受任者の金銭の消費についての責任（647条）
④ 代弁済請求（650条2項）

関連過去問

甲建物（以下「甲」という。）を所有するAが不在の間に台風が襲来し，甲の窓ガラスが破損したため，隣りに住むBがこれを取り換えた場合に関する次の記述のうち，民法の規定および判例に照らし，妥当でないものはどれか。

〔2019年問33抜粋　答(5)〕

(1)　BがAから甲の管理を頼まれていた場合であっても，A・B間において特約がない限り，Bは，Aに対して報酬を請求することができない。

> BがAから甲の管理を頼まれていた場合は，「準委任（656条）」となります。したがって，受任者であるBは特約がない限りAに対して報酬を請求することはできません（648条1項）。

(4)　BがAから甲の管理を頼まれていなかった場合においては，BがAの名において窓ガラスの取換えを業者Dに発注したとしても，Aの追認がない限り，Dは，Aに対してその請負契約に基づいて代金の支払を請求することはできない。

✎ BがAから甲の管理を頼まれていなかった場合は，BがAのためにやったことは事務管理となります。ただ，BはAの名において窓ガラスの取替えを業者Dに発注する権限は有していません。Bの行為は，「無権代理」にあたります。したがって，Aが追認しない限り，DはAに対して代金の支払いを請求することはできません。

(5) BがAから甲の管理を頼まれていた場合であっても，A・B間において特約がなければ，窓ガラスを取り換えるに当たって，**Bは，Aに対して事前にその費用の支払を請求することはできない。**

✎ BがAから甲の管理を頼まれていた場合は，「準委任（656条）」となります。窓ガラスの交換にかかる費用は，事前にわかるのであれば，BはAに対して前払請求をすることができます（649条）。

4－8

不当利得

見る問ポイント

試験対策上は，不法原因給付（708条）についてしっかり学習しておけば十分です。

見る問

▶　Aは，配偶者がいるにもかかわらず，配偶者以外のBと不倫関係にあり，その関係を維持する目的で，A所有の甲建物をBに贈与した。この場合に関する次の記述のうち，民法の規定および判例に照らし，正しいものはどれか。

〔2013年問34　答(2)〕

(1)　甲建物がAからBに引き渡されていない場合に，A・B間の贈与が書面によってなされたときには，**Aは，Bからの引渡請求を拒むことはできない。**

不倫関係を維持する目的の贈与契約は，公序良俗違反（90条）にあたります。つまり，この契約は無効です。したがって，AはBからの引渡請求を拒むことができます。

(2)　甲建物が未登記建物である場合において，Aが甲建物をBに引き渡したときには，Aは，Bに対して甲建物の返還を請求することはできない。

未登記の不動産は，引き渡すだけで「給付」にあたるというのが，判例の立場です。ですから，AはBに対して甲建物の返還を請求することはできません。

類題 Aは，Bとの愛人関係を維持するために，自己の有する未登記建物をBに贈与し，これを引き渡した。この場合に，Aは，Bに対し，不当利得としてこの建物の**返還を請求することができる**。〔2010年問33エ〕

⑶　甲建物が未登記建物である場合において，Aが甲建物をBに引き渡した後に同建物について**A名義の保存登記をしたときには，Aは，Bに対して甲建物の返還を請求することができる。**

ココを見よう

⑵で述べたように，未登記不動産は引渡しがあれば「給付」にあたります。したがってこの時点で，AはBに対して返還請求をすることができなくなりますね。その後A名義の保存登記をしたことは，この結論に全く影響を与えません。

⑷　A名義の登記がなされた甲建物がBに引き渡されたときには，**Aは，Bからの甲建物についての移転登記請求を拒むことはできない。**

ココを見よう

既登記の建物の場合，登記名義の移転までしていないと「給付」にあたりません。したがって，AはBからの甲建物についての移転登記請求を拒むことが可能です。

⑸　贈与契約のいきさつにおいて，Aの不法性がBの不法性に比してきわめて微弱なものであっても，Aが未登記建物である甲建物をBに引き渡したときには，**Aは，Bに対して甲建物の返還を請求することはできない。**

ココを見よう

708条ただし書において「不法な原因が受益者についてのみ存したときは」給付者は返還請求をすることができると規定されています。この規定に関連して，判例は，給付者・受益者双方に不法原因がある場合，双方の不法性を比較して給付者の不法性が微弱であれば返還請求を認めてよいとしています。したがって，本問におけるＡは返還請求をすることができますね。

プラスα　書面によらない贈与（550条）における「履行の終わった」ケースと，不法原因給付（708条）における「給付」にあたるケースの比較

	550条	708条
既登記不動産	引渡しまたは移転登記	引渡し＋移転登記
未登記不動産	同上	引渡しのみ

関連過去問

ＡのＢに対する不当利得返還請求等に関する次の記述のうち，判例に照らし，誤っているものはいくつあるか。　〔2010年問33抜粋　答１つ〕

ア　Ａは，Ｂに対する未払い賃料はないことを知りつつ，Ｂから賃料不払いを理由とした賃貸建物明渡請求訴訟を提起された場合における防禦方法として支払いをなすものであることを特に表示したうえで，Ｂに弁済を行った。この場合に，Ａは，Ｂに対し，不当利得として給付した弁済額の返還を請求することができる。

705条により返還請求ができなくなるのは，債務がないことをわかりながら任意に弁済した場合です。本問のように，Ｂから賃料不払いを理由とした賃貸建物明渡請求訴訟を提起された場合における防禦（ぼうぎょ）方法として支払いをなすものであるというような，やむを得ずした給付の場合は，返還請求をすることが認められます（判例）。

イ　Ａは，賭博に負けたことによる債務の弁済として，Ｂに高価な骨董品を引き渡したが，その後，Ａ・Ｂ間でＢがこの骨董品をＡに返還する旨の契約をした。この場合に，Ａは，Ｂに対し，この骨董品の返還を請求することができる。

708条は，不法な原因で給付した者に法が当然に返還請求をすることは認めないという趣旨の規定です。給付者・受益者の間で任意に返還する旨の合意をすることまで否定するものではありません。

ウ　Cは，BからB所有の家屋を賃借した際に，CがBに対して権利金を支払わない代わりに，Cが当該家屋の修繕業務を負うこととする旨を合意したため，後日，当該家屋の修繕工事が必要となった際，CはAに対してこれを依頼し，Aが同工事を完了したが，CはAに修繕代金を支払う前に無資力となってしまった。この場合に，Aは，Bに対し，不当利得として修繕代金相当額の返還を請求することはできない。

Bが不当利得として修繕代金相当額をAに払わなければならなくなるのは，B・C間の賃貸借契約を全体としてみて，Bが対価関係なしに（経済的な負担なしに）利益を得たときに限られるとするのが判例の立場です。本問のBは，Cに建物を貸した際，本来もらえるはずの権利金をもらっていませんね。つまり，Bにも経済的な負担が存在していると評価できます。したがって，AはBに対して不当利得として修繕代金相当額の返還を請求することはできません。

オ　Bは，Cから強迫を受け，同人の言うままに，Aと金銭消費貸借契約を締結し，Aに指示してBとは何らの法律上または事実上の関係のないDに貸付金を交付させたところ，Bが強迫を理由にAとの当該金銭消費貸借契約を取り消した。**この場合に，Aは，Bに対し，不当利得として貸付金相当額の返還を請求することができる。**

たとえばBがAと金銭消費貸借契約を締結し，Dに対する返済をする目的で，初めから金銭をDに交付するようAに依頼したのであれば，その後AB間の金銭消費貸借契約が何らかの理由で取り消された場合，Bには利得があると評価できます。しかし，本問のような事情の下では，Bにはなにも利得はありません。したがって，Aは，Bに対し，不当利得として貸付金相当額の返還を請求することはできません。

4－9

一般的不法行為

見る問ポイント

一般的不法行為の成立要件やその立証責任の所在，または過失相殺や損益相殺，消滅時効についてしっかり確認しておきましょう。

見る問

▶ 不法行為に関する次の記述のうち，民法の規定および判例に照らし，妥当なものはどれか。〔2017年問34　答(4)〕

(1) 景観の良否についての判断は個々人によって異なる主観的かつ多様性のあるものであることから，個々人が良好な景観の恵沢を享受する利益は，**法律上保護される利益ではなく，当該利益を侵害しても，不法行為は成立しない。**

ココを見よう

判例は，個々人が良好な景観の恵沢を享受する利益について法律上保護される利益であるとしています。

ただし，この景観利益を侵害したことについて不法行為が成立するためには，刑罰法規や行政法規に違反している，公序良俗違反が存在しているなど，社会的に容認された行為としての相当性を欠くことが必要です。

(2) 人がその品性，徳行，名声，信用などについて社会から受けるべき客観的な社会的評価が低下させられた場合だけではなく，人が自己自身に対して与えている主観的な名誉感情が侵害された場合にも，**名誉毀損による不法行為が成立し，損害賠償の方法として原状回復も認められる。**

723条は「他人の名誉を毀損した者に対しては，裁判所は，被害者の請求により，損害賠償に代えて，又は損害賠償とともに，名誉を回復するのに適当な処分を命ずることができる」としています。ここにいう「名誉」とは人がその品性，徳行，名声，信用等の人格的価値について社会から受ける客観的な評価を指します（判例）。つまり名誉棄損は，その人の社会的評価の低下を意味するということです。

一方，その人自身の名誉感情は含まれません。したがって，名誉感情が侵害された場合，不法行為は成立しません。

⑶　宗教上の理由から輸血拒否の意思表示を明確にしている患者に対して，輸血以外に救命手段がない場合には輸血することがある旨を医療機関が説明しないで手術を行い輸血をしてしまったときでも，患者が宗教上の信念に基づいて当該手術を受けるか否かを意思決定する権利はそもそも人格権の一内容として**法的に保護に値するものではないので，不法行為は成立しない。**

憲法で学習する「エホバの証人信者輸血拒否事件（最判平成12年２月29日）」です。判例は，患者が宗教上の信念に基づいて手術を受けるか否かを意思決定する権利は人格権の一内容として法的に保護に値するものだとしています。そのうえで，病院側があらかじめ輸血以外に救命手段がない場合には輸血をする方針を固めていたのに，それを患者側に説明しなかったのは，患者が意思決定する権利を行使する機会を奪ったといえ，不法行為が成立するとしました。

⑷　医師の過失により医療水準に適（かな）った医療行為が行われず患者が死亡した場合において，医療行為と患者の死亡との間の因果関係が証明されなくても，医療水準に適った医療行為が行われていたならば患者がその死亡の時点においてなお生存していた相当程度の可能性の存在が証明されるときは，不法行為が成立する。

ココを見よう

心筋梗塞で救急搬送された患者に，医師が急性膵炎だと判断して点滴をしたところ，容体が悪化して亡くなったケースにおいて，点滴をしたから亡くなったかどうかがわからなかったとしても，心筋梗塞に対する適切な治療を施していれば，亡くなった時点ではまだ生存していた相当程度の可能性が証明できるのであれば，不法行為が成立するとした判例があります。

⑸　交通事故の被害者が後遺症のために身体的機能の一部を喪失した場合には，その後遺症の程度が軽微であって被害者の現在または将来における収入の減少が認められないときでも，**労働能力の一部喪失を理由とする財産上の損害が認められる。**

ココを見よう

本肢のような事情がある場合，少くとも労働能力の一部喪失を理由とする損害は存在しないといえます。

関連過去問1

A（3歳）は母親Bが目を離した隙に，急に道路へ飛び出し，Cの運転するスピード違反の自動車に轢（ひ）かれて死亡した。CがAに対して負うべき損害賠償額（以下，「本件損害賠償額」という。）に関する次の記述のうち，民法の規定および判例に照らし，妥当なものはどれか。〔2015年問34　答⑸〕

被害者は3歳のAです。3歳ですので，「事理弁識能力（危機を回避するための判断能力）」はありません。ポイントは，Aの母親Bの過失をAの過失と同視して，Cが過失相殺（722条2項）を主張することができるかどうか，です。

⑴　本件損害賠償額を定めるにあたって，A自身の過失を考慮して過失相殺するには，**Aに責任能力があることが必要であるので，本件ではAの過失を斟酌することはできない。**

✎ Cが過失相殺を主張するためには，Aに「事理弁識能力」はなければいけませんが，「責任能力」はいりません。「責任能力」は加害者に備わっているべきものですね。

(2) 本件損害賠償額を定めるにあたって，A自身の過失を考慮して過失相殺するには，**Aに事理弁識能力があることは必要でなく**，それゆえ，本件ではAの過失を斟酌することができる。

✎ A自身の過失を考慮して過失相殺するには，Aに「事理弁識能力」は必要です。

(3) 本件損害賠償額を定めるにあたって，BとAとは親子関係にあるが，BとAとは別人格なので，**Bが目を離した点についてのBの過失を斟酌することはできない。**

類題 Aの運転する自動車がAの前方不注意によりBの運転する自動車と衝突して，Bの自動車の助手席に乗っていたBの妻Cを負傷させ損害を生じさせた。CがAに対して損害賠償請求をする場合には，原則としてBの過失も考慮される。〔2012年問34ア〕

✎ たしかにAとBは親子とはいえ，別人格です。ただ「被害者と身分上，生活関係上一体をなすとみられるような関係にある者」の過失は「被害者側の過失」として考慮の対象に含めるというのが判例の立場です。そしてこの損害賠償請求における親の過失は，「被害者側の過失」の典型例です。また類題のようなケースもこの夫婦が別居しているなど婚姻関係が実質的に破綻していない限り「被害者側の過失」が認められます（判例）。

(4) 本件損害賠償額を定めるにあたって，Aが罹患（りかん）していた疾患も一因となって死亡した場合，疾患は過失とはいえないので，**当該疾患の態様，程度のいかんにかかわらずAの疾患を斟酌することはできない。**

✎ 疾患の態様，程度のいかんによっては，Aの疾患を斟酌することは認められるとするのが判例の立場です。一方，身体的特徴が疾患にあたらない程度のものであるときは，原則としてこれを斟酌することは認められません。

(5) 本件損害賠償額を定めるにあたって，Aの死亡によって親が支出を免れた養育費をAの逸失利益から控除することはできない。

> 不法行為によって損害を受けたものの，同じ原因によって利益も受けているときは，その利益額を損害賠償額から控除して損害賠償額を決めていきます。このような考え方を「損益相殺」といいます。
> たとえば，被害者が死亡したことにより，遺族に遺族補償年金が払われる場合，この遺族補償年金は遺族が受けた損害の穴うめという役割をもっているものなので損害賠償額から控除する調整を行う，という場合です（判例）。ただ，本問のような養育費の控除は認められていません（判例）。

関連過去問2

生命侵害等に対する近親者の損害賠償請求権に関する次の記述のうち，民法の規定および判例に照らし，妥当なものはどれか。〔2014年問34　答(4)〕

(1) 他人の不法行為により夫が即死した場合には，**その妻は，相続によって夫の逸失利益について損害賠償請求権を行使することはできない。**

> 被害者が即死であっても，被害者には損害賠償請求権が成立し，それは当然に相続されるとするのが判例の立場です。

(2) 他人の不法行為により夫が死亡した場合には，その妻は，相続によって夫本人の慰謝料請求権を行使できるので，**妻には固有の慰謝料請求権は認められていない。**

> 妻は夫本人の慰謝料請求権を相続するとともに，711条により妻自身の固有の慰謝料請求権を行使することが認められています。

(3) 他人の不法行為により，夫が慰謝料請求権を行使する意思を表明しないまま死亡した場合には，**その妻は，相続によって夫の慰謝料請求権を行使することはできない。**

> (1)でも述べたように，被害者が意思を表明したかどうかにかかわらず，当然に被害者の下に加害者に対する損害賠償請求権が成立します。これは財産的な損害だけでなく，精神的な損害（慰謝料）についても同じです。そして，相続により当然に引き継がれます。

⑷　他人の不法行為により死亡した被害者の父母，配偶者，子以外の者であっても，被害者との間にそれらの親族と実質的に同視し得る身分関係が存在するため被害者の死亡により甚大な精神的苦痛を受けた場合には，その者は，加害者に対して直接固有の慰謝料請求をすることができる。

> ✎ 711条は，「被害者の父母，配偶者及び子」に対して，固有の慰謝料請求権の行使を認めています。ただ，本条は限定列挙ではないとするのが判例の立場です。
> すなわち，たとえば兄弟姉妹や祖父母と孫のように被害者との間にそれらの親族と実質的に同視し得る身分関係が存在するため被害者の死亡により甚大な精神的苦痛を受けた場合には，その者は，加害者に対して直接固有の慰謝料請求をすることができます（判例）。

⑸　他人の不法行為により子が重い傷害を受けたために，当該子が死亡したときにも比肩しうべき精神上の苦痛をその両親が受けた場合でも，被害者本人は生存しており本人に慰謝料請求権が認められるので，**両親には固有の慰謝料請求権は認められていない**。

> ✎ 本問のような事情が認められる場合，両親にも固有の慰謝料請求権（709条，710条）が認められます（判例）。

関連過去問３

Ａの運転する自動車がＡの前方不注意によりＢの運転する自動車に追突してＢを負傷させ損害を生じさせた。ＢのＡに対する損害賠償請求権は，Ｂの負傷の程度にかかわりなく，また，**症状について現実に認識できなくても，事故により直ちに発生し，３年で消滅時効にかかる**。　〔2012年問34オ〕

> ✎ 724条の２において人の生命または身体を害する不法行為による損害賠償請求権は「損害及び加害者を知った時から５年」で時効消滅すると規定されています。ここでいう「損害」を知った時とは，損害発生の事実を知ることを指します。
> 本問では「症状について現実に認識できなくても」とされていますので，まだ損害発生の事実を知ったとはいえません。

4 −10

特殊的不法行為

見る問ポイント

パターンごとに要件を正確に押さえておきましょう。

見る問

▶　不法行為に基づく損害賠償に関する次の記述のうち，民法の規定および判例に照らし，正しいものはどれか。〔2016年問34抜粋　答ウ〕

ア　使用者Aが，その事業の執行につき行った被用者Bの加害行為について，Cに対して使用者責任に基づき損害賠償金の全額を支払った場合には，**AはBに対してその全額を求償することができる。**

使用者責任に基づき賠償したA社は「信義則上相当と認められる限度で」求償できるにすぎず，常に全額の求償が認められるわけではありません（判例）。

類題　A社の従業員Bが，A社所有の配達用トラックを運転中，運転操作を誤って歩行中のCをはねて負傷させ損害を生じさせた。A社がCに対して損害の全額を賠償した場合，A社は，Bに対し，**事情のいかんにかかわらずCに賠償した全額を求償することができる。**〔2012年問34ウ〕

イ　Dの飼育する猛犬がE社製の飼育檻から逃げ出して通行人Fに噛みつき怪我を負わせる事故が生じた場合において，**Dが猛犬を相当の注意をもって管理をしたことを証明できなかったとしても，犬が逃げ出した原因がE社製の飼育檻の強度不足にあることを証明したときは，**Dは，Fに対する損害賠償の責任を免れることができる。

動物の占有者は動物の種類及び性質に従い相当の注意をもってその管理をしたことを立証しない限り，その動物が他人に加えた損害を賠償する責任を負わされます（718条１項）。

ウ　Ｇがその所有する庭に植栽した樹木が倒れて通行人Ｈに怪我を負わせる事故が生じた場合において，ＧがＨに損害を賠償したときは，植栽工事を担当した請負業者Ｉの作業に瑕疵があったことが明らかな場合には，ＧはＩに対して求償することができる。

土地工作物責任は，「竹木の栽植」についても準用されます（717条２項）。したがってＧはＨに賠償する義務を負い，植栽工事を担当した請負業者Ｉの作業に瑕疵があったことが明らかな場合には，ＧはＩに対して求償することができます（同条３項）。

類題 Ａの運転する自動車が，見通しが悪く遮断機のない踏切を通過中にＢ鉄道会社の運行する列車と接触し，Ａが負傷して損害が生じた。この場合，線路は土地工作物にはあたらないから，**ＡがＢ鉄道会社に対して土地工作物責任に基づく損害賠償を請求することはできない。**

〔2012年問34エ〕

✎ 線路は「土地工作物」にあたります。したがって，ＡがＢ鉄道会社に対して土地工作物責任（717条）に基づく損害賠償を請求することはできます。

関連過去問１

Ａに雇われているＢの運転する車が，Ａの事業の執行中に，Ｃの車と衝突して歩行者Ｄを負傷させた場合に関する次の記述のうち，民法の規定および判例に照らし，妥当なものはどれか。なお，Ａには使用者責任，ＢおよびＣには共同不法行為責任が成立するものとする。

〔2018年問33　答⑷〕

⑴　ＡがＤに対して損害を全額賠償した場合，Ａは，**Ｂに故意または重大な過失があったときに限って**Ｂに対して求償することができる。

Aには使用者責任が成立することから，Dが受けた損害全額について賠償する義務を負います（715条1項）。そして，賠償後に，Aは被用者Bに対して，求償権を行使することができます（715条3項）。求償権の行使は，Bに故意または重大な過失があったときに限定するものではありません。

(2)　AがDに対して損害を全額賠償した場合，Aは，損害の公平な分担という見地から**均等の割合に限って**Cに対して求償することができる。

BとCには共同不法行為が成立しています。そのためDの受けた損害全額について，BとCは連帯責任を負います。たとえばBが全額賠償をした場合，BとCの過失割合に応じてBはCに求償できます。このことは使用者責任を負うAも同様です。したがって本肢のように，均等の割合に限っての求償ではありません。

類題 タクシー会社Nの従業員Oが乗客Pを乗せて移動中に，Qの運転する自家用車と双方の過失により衝突して，Pを受傷させ損害を与えた場合において，NがPに対して損害の全額を賠償したときは，NはOに対して求償することはできるが，**Qに求償することはできない。**

〔2016年問34オ〕

(3)　CがDに対して損害を全額賠償した場合，Cは，Bに対してはB・C間の過失の割合によるBの負担部分について求償することができるが，**共同不法行為者でないAに対しては求償することができない。**

Cが全額賠償した場合は，過失割合に応じて，CはAまたはBに対して求償できます。一方，Bが全額賠償した場合，過失割合に応じて，BはCに求償できます。また判例は，損害の公平な分担という見地から，使用者Aにも求償することを認めています（最判令和2年2月28日）。

類題 運送業者Jの従業員Kが業務として運転するトラックとLの運転する自家用車が双方の過失により衝突して，通行人Mを受傷させ損害を与えた場合において，LがMに対して損害の全額を賠償したときは，Lは，Kがその過失割合に応じて負担すべき部分について，Jに対して求償することができる。〔2016年問34エ〕

(4) Cにも使用者Eがおり，その事業の執行中に起きた衝突事故であった場合に，Aが Dに対して損害を全額賠償したときは，Aは，AとEがそれぞれ指揮監督するBとCの過失の割合によるCの負担部分についてEに対して求償することができる。

> ✎ Cにも使用者Eがいた場合，Aが全額Dに賠償したときは，AはBとCの過失割合によるCの負担部分について，Eに求償することができます。

(5) BがAのほかFの指揮監督にも服しており，BがAとFの事業の執行中に起きた衝突事故であった場合に，AがDに対して損害を全額賠償したときは，Aは，損害の公平な分担という見地から**均等の割合に限って**Fに対して求償することができる。

> ✎ 本肢の場合，AはFに求償することは認められます。その割合は，被用者である加害者の加害行為の態様およびこれと各使用者の事業の執行との関連性の程度，加害者に対する各使用者の指揮監督の強弱などを考慮して定めるべきとするのが判例の立場です。ですから，均等の割合に限って求償するわけではありません。

関連過去問2

不法行為に関する次の記述のうち，民法の規定および判例に照らし，妥当でないものはどれか。 〔2019年問34　答(4)〕

(1) 精神障害者と同居する配偶者は法定の監督義務者に該当しないが，責任無能力者との身分関係や日常生活における接触状況に照らし，第三者に対する加害行為の防止に向けてその者が当該責任無能力者の監督を現に行い，その態様が単なる事実上の監督を超えているなどその監督義務を引き受けたとみるべき特段の事情が認められる場合には，当該配偶者は法定の監督義務者に準ずべき者として責任無能力者の監督者責任を負う。

> ✎ 成年後見人というだけで，714条１項が定める法定の監督義務者にあたるわけではないというのが判例の立場です（最判平成28年３月１日）。成年後見人は成年被後見人の現実の介護を行うことや，行動を監督することが仕事ではないからです。

また，この成年後見人が成年被後見人の配偶者である場合，配偶者であることをもって，法定の監督義務者にあたるわけではありません。
ただ，判例は法定の監督義務者に該当しない者であっても，本肢のような特段の事情が認められる場合には，衡平の見地から，法定の監督義務者に準ずべき者として714条１項を類推適用することができるともしています（最判平成28年３月１日）。

類題 成年後見人は，成年被後見人の生活，療養看護および財産管理に関する事務を行う義務のほか，成年被後見人が他人に損害を加えた場合において**当然に法定の監督義務者として責任を負う**。　〔2018年問35(4)〕

(2)　兄が自己所有の自動車を弟に運転させて迎えに来させた上，弟に自動車の運転を継続させ，これに同乗して自宅に戻る途中に，弟の過失により追突事故が惹起された。その際，兄の同乗後は運転経験の長い兄が助手席に座って，運転経験の浅い弟の運転に気を配り，事故発生の直前にも弟に対して発進の指示をしていたときには，一時的にせよ兄と弟との間に使用関係が肯定され，兄は使用者責任を負う。

兄が弟に車で迎えに来させ，運転経験の乏しい弟の運転する車に同乗したうえで，運転上の指示を与えていたケースにおいて，兄と弟の間に使用関係を肯定した判例があります（最判昭和56年11月27日）。

(3)　宅地の崖地部分に設けられたコンクリートの擁壁の設置または保存による瑕疵が前所有者の所有していた際に生じていた場合に，現所有者が当該擁壁には瑕疵がないと過失なく信じて当該宅地を買い受けて占有していたとしても，現所有者は土地の工作物責任を負う。

717条の土地工作物責任における所有者の責任は無過失責任です。ですから本肢のように，現所有者が当該擁壁には瑕疵がないと過失なく信じていたとしても，土地工作物責任は負わなければなりません。

(4)　犬の飼主がその雇人に犬の散歩をさせていたところ，当該犬が幼児に噛みついて負傷させた場合には，雇人が占有補助者であるときでも，当該雇人は，現実に犬の散歩を行っていた以上，**動物占有者の責任を負う**。

✎動物の占有者や占有者に代わって管理する者は，その動物が他人に加えた損害を賠償する責任を負います（718条）。ただ犬の飼主に雇われている人が，その犬の散歩をした場合，その人は動物の占有者にも占有者に代わって管理する者にもあたりません。

(5) 交通事故によりそのまま放置すれば死亡に至る傷害を負った被害者が，搬入された病院において通常期待されるべき適切な治療が施されていれば，高度の蓋然性をもって救命されていたときには，当該交通事故と当該医療事故とのいずれもが，その者の死亡という不可分の一個の結果を招来し，この結果について相当因果関係がある。したがって，当該交通事故における運転行為と当該医療事故における医療行為とは共同不法行為に当たり，各不法行為者は共同不法行為の責任を負う。

✎当該交通事故における運転行為と当該医療事故における医療行為は，順次競合して被害者の死という一つの結果を発生させているので，民法719条における共同不法行為にあたります。したがって，各不法行為者は被害者の被った損害全額について連帯責任を負うことになります（最判平成13年３月13日）。

第5章 親族・相続

学習のポイント

ここまで手が回らないまま本試験を迎えた，という受験生が少なくない分野です。親族・相続とも，まずは過去に出題実績のある論点から学習しておきましょう。「親族」は近年択一式，記述式ともに出題が多くみられています。「相続」は大きな改正があったばかりですので，要注意です。

5－1

婚姻・離婚

見る問ポイント

「婚姻」と並んで「離婚」についても問われています。離婚は財産分与を中心にひととおり押さえておくとよいでしょう。婚姻については，その成立要件や夫婦財産制をしっかり押さえておきましょう。

見る問

▶　婚姻および離婚に関する次のア～オの記述のうち，民法の規定に照らし，正しいものの組合せはどれか。〔2013年問35　答イ・エ〕

ア　未成年者が婚姻をするには，父母のいずれかの同意があれば足り，父母ともにいない未成年者の場合には，**家庭裁判所の許可をもってこれに代えることができる。**

737条の規定によると，未成年者の婚姻には，父母の同意が必要であるとされています。ただこれはどちらか一方の同意があればよく，必ず双方の同意がなければならないわけではありません。また父母ともにいない未成年者の場合には，同意は必要ありません。

イ　未成年者が婚姻をしたときは，成年に達したものとみなされる。したがって当該未成年者は，法定代理人の同意がなくても単独で法律行為をすることができ，これは当該未成年者が離婚をした後であっても同様である。

成年擬制（753条）は，未成年のうちに離婚しても，その効果が失われることはありません。

ウ　養親子関係にあった者どうしが婚姻をしようとする場合，**離縁により養子縁組を解消することによって，婚姻をすることができる。**

736条により，一度養親子関係にあった者どうしは，その後その関係を解消したとしても，やはり婚姻することはできません。

エ　離婚をした場合には，配偶者の親族との間にあった親族関係は当然に終了するが，夫婦の一方が死亡した場合には，生存配偶者と死亡した配偶者の親族との間にあった親族関係は，当然には終了しない。

離婚の場合は，姻族関係は当然に終了します（728条１項）。一方で死亡による婚姻関係の終了については，生存配偶者が姻族関係を終了させる意思表示をしない限り，終了しません（同条２項）。

オ　協議離婚をしようとする夫婦に未成年の子がある場合においては，協議の上，家庭裁判所の許可を得て，**第三者を親権者とすることを定めることができる。**

このような規定はありません。協議離婚をするのであれば，協議の中でどちらか一方を親権者としなければいけないとされています（819条１項）。

関連過去問1

離婚に関する次のア～オの記述のうち，民法の規定および判例に照らし，妥当なものはどれか。

〔2018年問34　答ウ・オ〕

ア　離婚における財産分与は，離婚に伴う精神的苦痛に対する損害の賠償も当然に含む趣旨であるから，離婚に際し財産分与があった場合においては，**別途，離婚を理由とする慰謝料の請求をすることは許されない。**

> 財産分与（768条）は以下の３つの性格を有していると考えられています。
> ①　婚姻中における夫婦財産関係の清算
> ②　離婚後における配偶者の扶養
> ③　離婚による慰謝料
> このうち③については，財産分与にすべて含めて請求することもできますし，財産分与に含めずに別に損害賠償請求をすることも認められるとするのが判例の立場です。

イ　離婚に際して親権者とならず子の監護教育を行わない親には，子と面会・交流するためのいわゆる面接交渉権があり，この権利は親子という身分関係から当然に認められる自然権であるから，裁判所がこれを認めない判断をすることは**憲法13条の定める幸福追求権の侵害に当たる。**

> 766条に規定されている離婚後の父または母と子の面会交流については，憲法13条に定める幸福追求権とは何ら関係はありません。判例も，このような面接交渉の内容をどうするかは民法766条１項２項の解釈適用の問題だと考えています。

ウ　父母が協議上の離婚をする場合に，その協議でその一方を親権者として定めなかったにもかかわらず，誤って離婚届が受理されたときであっても，当該離婚は有効に成立する。

> 父母が協議上の離婚をするときは，どちらかを子の親権者と定めなければなりません（819条１項）。そして765条１項は，離婚届は819条１項をはじめとする法令の規定に違反しないことを認めた後でなければ，受理することはできないと規定しています。
> ただし，親権者を定めないままで離婚届が誤って受理されてしまった場合でも，その離婚は有効に成立します（765条２項）。

エ　民法の定める離婚原因がある場合には，**当事者の一方は，その事実を主張して直ちに家庭裁判所に対して離婚の訴えを提起することができ，訴えが提起されたときは，家庭裁判所は直ちに訴訟手続を開始しなければならない。**

> 裁判上の離婚は，協議離婚，調停離婚が成立せず，審判離婚をなされていないときに，初めて利用できます。ですから本肢のように，直ちに家庭裁判所に離婚の訴えを提起することは認められていません。

オ　夫婦の別居が両当事者の年齢および同居期間との対比において相当の長期間に及び，その夫婦の間に未成熟の子が存在しない場合には，相手方配偶者が離婚により極めて苛酷な状態に置かれる等著しく社会的正義に反するといえるような特段の事情のない限り，有責配偶者からの離婚請求であるとの一事をもって離婚が許されないとすることはできない。

> 有責配偶者からの離婚請求は，本肢のような事情がある場合，認められる余地があるというのが判例の立場です。

関連過去問２

婚約，婚姻および離婚に関する以下の相談に対する回答のうち，民法の規定および判例に照らし，妥当なものはどれか。〔2015年問35　答ア・エ〕

ア　〈相談〉　私はＡとの婚約にあたりＡに対して結納金100万円を贈与したのですが，結局は婚姻に至りませんでした。私はＡに対して結納金100万円の返還を請求できるでしょうか。

〈回答〉　結納は婚姻の成立を確証し，併せて当事者間の情宜を厚くする目的で授受される一種の贈与とされています。婚姻が解消された場合には原則として返還すべきものですので，あなたには結納金の返還を請求できる権利があります。

> もちろんできます（判例）。この結納金はＡの不当利得にあたりますね。

イ　〈相談〉　私は事実婚状態にあったＢと合意のうえ入籍することにして婚姻届を作成しましたが，提出前にＢは交通事故に遭い，現在昏睡状態にあります。こうした状態でも先に作成した婚姻届を提出すれば，私はＢと正式に婚姻できるのでしょうか。

〈回答〉　判例によれば，婚姻が有効に成立するためには，届出時点における当事者の婚姻意思が必要です。婚姻届作成後に翻意したというような特段の事情がないとしても，**現在Bは意思能力を欠いた状態ですので，婚姻届を提出したとしても婚姻の効力は生じません。**

✎婚姻届作成後にBが翻意したというような特段の事情がないのであれば，作成時に婚姻意思が存在している以上，婚姻の効力は生じます（判例）。

ウ〈相談〉 私は配偶者Cとの間に子がいますが，Cは5年前に家を出て他で生活しており，子の養育費はすべて私が負担しています。Cに対して離婚訴訟を提起するにあたり，併せてこの間の養育費の支払いを求めることができるでしょうか。

〈回答〉 子の監護に要する費用は，婚姻から生じる費用です。婚姻費用の請求は婚姻の継続を前提とする請求であるのに対して，離婚訴訟は婚姻の解消を目指す訴訟ですから，**このように性質が異なる訴訟を一緒に行うことはできません。離婚を申し立てる前に，監護費用の支払いを求める訴えを別途提起する必要があります。**

✎裁判所は離婚請求を認容するにあたり，妻が単独で子の監護にあたっている場合，夫に対する別居後離婚までの監護費用の支払いを命ずることができます（判例）。ですから離婚請求にあわせて監護費用に支払いを求める旨の申立てを受けた場合，審理判断しなければいけません。

エ〈相談〉 私と配偶者であるDとの婚姻関係は既に破綻しており，離婚にむけて協議を進めています。D名義のマンションを私に贈与することをDと私とは書面により合意したのですが，離婚届を提出する前日になって，Dは，この贈与契約を取り消すと言ってきました。Dの取り消しは認められるのでしょうか。

〈回答〉 民法の規定によれば夫婦間の契約は婚姻中いつでも取り消すことができますが，その趣旨は，夫婦間の約束事に法は介入すべきではなく，当事者の道義に委ねるべきだというものです。婚姻が実質的に破綻しているような場合にはこの趣旨は妥当しませんので，Dはマンションの贈与契約を取り消すことができません。

✎回答に述べられているとおり，夫婦間の契約取消権（754条）は，婚姻関係が実質的に破綻している場合には適用がありません（判例）。ですからＤはマンションの贈与契約を取り消すことができません。

関連過去問３

氏に関する次のア～オの記述のうち，民法の規定および判例に照らし，妥当なものはどれか。〔2019年問35　答ア・ウ〕

ア　甲山太郎と乙川花子が婚姻届に署名捺印した場合において，慣れ親しんだ呼称として婚姻後もそれぞれ甲山，乙川の氏を引き続き称したいと考え，婚姻後の氏を定めずに婚姻届を提出したときは，この婚姻届は受理されない。

婚姻届に必要事項の全部または一部を記載しないで提出した場合，その婚姻届は受理されません。婚姻後の氏は，民法750条で「夫又は妻の氏を称する」と規定されており，どちらかに定めることが求められています。よって，それを定めずに提出しても受理されません。

イ　夫婦である乙川太郎と乙川花子が離婚届を提出し受理されたが，太郎が慣れ親しんだ呼称として，離婚後も婚姻前の氏である甲山でなく乙川の氏を引き続き称したいと考えたとしても，離婚により復氏が確定し，**離婚前の氏を称することができない**。

婚姻によって氏を改めた場合，協議上の離婚により婚姻前の氏に復します（767条１項）。ただ，このように当然復氏されることを望まない場合もあるでしょう。その場合は，離婚の日から３か月以内に戸籍法の定めるところにより届け出ることによって，離婚の際に称していた氏を引き続き称することができます（767条２項）。

ウ　甲山太郎を夫とする妻甲山花子は，夫が死亡した場合において，戸籍法の定めるところにより届け出ることによって婚姻前の氏である乙川を称することができる。

夫婦の一方が死亡した場合，生存配偶者は婚姻前の氏に復することができます（751条１項）。この場合，戸籍法の定めるところにより届け出ることが必要です。

エ　夫婦である甲山花子と甲山太郎の間に出生した子である一郎は，両親が離婚をして，母花子が復氏により婚姻前の氏である乙川を称するようになった場合には，**届け出ることで母と同じ乙川の氏を称することができる。**

> 本肢のように，子が父母の氏と異なることになった場合，子は家庭裁判所の許可を得て，戸籍法の定めるところにより届け出ることによって，その父または母の氏を称することができます（791条１項）。つまり，このような届出をするにあたっては，家庭裁判所の許可が必要です。

オ　甲山花子と，婚姻により改氏した甲山太郎の夫婦において，太郎が縁組により丙谷二郎の養子となったときは，**太郎および花子は養親の氏である丙谷を称する。**

> だれかの養子になった場合，養子は養親の氏を称することになります（810条本文）。ただし婚姻によって氏を改めた場合は，婚姻の際に定めた氏を称する間は，そのままでかまいません（810条ただし書）。
> つまり，甲山太郎は婚姻している間は，甲山のままでよく，丙谷を称する必要はありません。もちろん花子が丙谷を称する必要もありません。

5－2

親　　子

見る問ポイント

実親子関係では，嫡出否認の訴えと親子関係不存在確認の訴えの使い分けのルールをしっかり押さえておきましょう。また養親子関係では，普通養子縁組のケースがよく問われています。

見る問

▶　A男と，B女が出産したCとの関係に関する次の記述のうち，民法の規定または判例に照らし，誤っているものはどれか。　〔2010年問34　答(3)〕

(1)　AとBの内縁関係の継続中にBがCを出産し，AによってCを嫡出子とする出生届がなされた場合において，誤ってこれが受理されたときは，この届出により認知としての効力が生ずる。

もちろんこのような出生届は無効です。ただ「自分の子である」というAの認識を読み取ることはできますので，認知届として有効と扱うのが判例の立場です。

(2)　Bは，Aとの内縁関係の継続中に懐胎し，その後，Aと適法に婚姻をし，婚姻成立後150日を経てCを出産した場合において，AがCとの間に父子関係が存在しないことを争うには，嫡出否認の訴えではなく，親子関係不存在確認の訴えによらなければならない。

ココを見よう

男性とその子の関係について，法的に争うにあたり，嫡出否認の訴えを使うことができるのは，「772条の推定が及ぶ子」にあたる場合に限定されます（774条)。婚姻成立後150日を経て出産した場合，「推定されない嫡出子」になってしまいますので，嫡出否認の訴えは使えず，親子関係不存在確認の訴えによることになります。

⑶　Bは，Aと離婚した後250日を経てCを出産したが，Aは，離婚の1年以上前から刑務所に収容されていた場合において，**Aは，Cとの父子関係を争うためには嫡出否認の訴えによらなければならない。**

ココを見よう

日数的には772条2項の要件を満たしていても，本問のように夫の子を懐胎することが事実上不可能な場合は，「推定が及ばない子」とされます。この場合父子関係を争うためには，親子関係不存在確認の訴えによることが必要です。

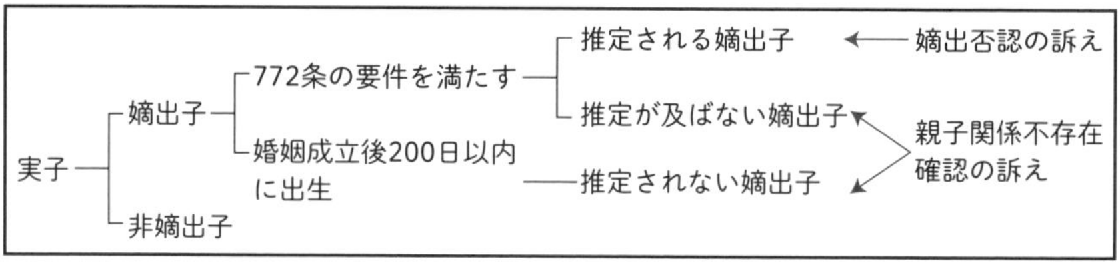

⑷　Aによる嫡出否認の訴えは，AがCの出生を知った時から1年以内に提起しなければならないが，Aが成年被後見人である場合には，この期間は後見開始の審判の取消しがあった後にAがCの出生を知った時から起算する。

ココを見よう

778条により，Aが成年被後見人である場合には，この期間は後見開始の審判の取消しがあった後にAがCの出生を知った時から起算します。

(5)　Aが嫡出否認の訴えを提起する場合において，Cが幼少で意思能力を有せず，かつ，Bがすでに死亡しているときには，Cの未成年後見人がいるときであっても，家庭裁判所が選任した特別代理人を相手方とする。

Bがすでに死亡している以上，親権を行う母がいない状態です。この場合，775条後段により，家庭裁判所が選任した特別代理人を相手方としなければいけません。このことは未成年後見人が存在する場合でも同じです。

関連過去問1

養子縁組に関する次のア～オの記述のうち，民法の規定および判例に照らし，妥当でないものはどれか。　〔2008年問35　答ウ・エ〕

ア　配偶者のある者が成年者を養子とする場合には，原則として配偶者の同意を得なければならないが，配偶者がその意思を表示することができない場合には，その同意を得ないで縁組をすることができる。

類題 C・Dが夫婦である場合に，Cが，成年者Eを自己のみの養子とするときには，Dが同意について意思を表示することができないときを除いて，Dの同意を得なければならない。　〔2016年問35(3)〕

この場合，796条本文により原則配偶者の同意が必要です。ただ，配偶者とともに縁組する場合と，配偶者がその意思を表示することができない場合は同意は不要です（同条ただし書）。

イ　配偶者のある者が未成年者を養子とする場合には，原則として配偶者と共に縁組をしなければならないが，配偶者の嫡出である子を養子とする場合には，単独で縁組をすることができる。

ウ　配偶者のある者が未成年者を養子とする場合には，原則として配偶者と共に縁組をしなければならないが，**配偶者もまた未成年者である場合には，単独で縁組をすることができる。**

795条本文により，配偶者のある者が未成年者を養子とする場合は，原則として配偶者とともに共同縁組することが必要です。ただ，イのように配偶者の嫡出である子を養子とする場合やアのように配偶者がその意思を表示することができない場合は単独縁組が可能とされています（同条ただし書）。しかし，ウのように配偶者が未成年者であることは単独縁組可能の場面ではありません。

エ　真実の親子関係がない親から嫡出である子として出生の届出がされている場合には，その出生の届出は無効であるが，**その子が成年に達した後はその出生の届出を養子縁組の届出とみなすことができる**。

この場合，無効とされる出生届をもって，養子縁組届とみなすことはできません。したがって，その子が成年に達した後，その出生届を養子縁組の届出とみなすこともできません（判例）。

オ　真実の親子関係がない戸籍上の親が15歳未満の子について代諾による養子縁組をした場合には，その代諾による縁組は一種の無権代理によるものであるから，その子は，15歳に達した後はその縁組を追認することができる。

このように適法な代諾がない場合，その子は，15歳に達した後はその縁組を追認することができます。そして追認した場合は，縁組は初めから有効とされます（判例）。

関連過去問2

養子に関する次の記述のうち，民法の規定に照らし，正しいものはどれか。

〔2016年問35抜粋〕

(1)　家庭裁判所の審判により後見に付されているAは，**認知をするには後見人の同意が必要であるが**，養子縁組をするには後見人の同意は必要でない。

成年被後見人が認知する場合，成年後見人の同意は不要です（780条）。

(2)　16歳のBを養子とする場合には，原則として家庭裁判所の許可が必要であるが，この場合には，**Bの法定代理人が養子縁組の承諾をしなければならない**。

✎ Bは未成年者ですから，誰かの養子になる場合，原則として家庭裁判所の許可が必要です（798条本文）。ただ16歳ですので，単独で有効に縁組の承諾が可能です（797条1項）。

(4)　F（70歳）およびG（55歳）は夫婦であったところ，子がいないことからFの弟であるH（58歳）を養子とした場合に，**この養子縁組の効力は無効である。**

✎ 年長者を養子にすることは禁じられています（793条）。これに違反した縁組は各当事者などから家庭裁判所に取消しを請求できます（805条）。

(5)　I・J夫婦が，K・L夫婦の子M（10歳）を養子とする旨の縁組をし，その届出が完了した場合，**MとK・L夫婦との実親子関係は終了する。**

✎ 普通養子縁組の場合，実親子関係は終了しません。

関連過去問3

特別養子制度に関する次の記述のうち，民法の規定に照らし，正しいものはどれか。

〔2020年問35　答イ・エ〕

ア　特別養子は，**実父母と養父母の間の合意を家庭裁判所に届け出ることによって成立する。**

✎ 特別養子縁組は，養親となる者の請求により家庭裁判所の審判によって成立します（817条の2第1項）。実父母と養父母の間の合意を家庭裁判所に届け出ることによって成立するものではありません。

イ　特別養子縁組において養親となる者は，配偶者のある者であって，夫婦いずれもが20歳以上であり，かつ，そのいずれかは25歳以上でなければならない。

✎ 特別養子縁組において養親となるものは，配偶者のある者でなければいけません（817条の3第1項）。さらに，25歳以上でなければ養親になることはできません。ただし，夫婦の一方が25歳以上であれば，もう一方は20歳以上でかまいません（817条の4）。

ウ　**すべての特別養子縁組の成立には，**特別養子となる者の同意が要件であり，同意のない特別養子縁組は認められない。

特別養子縁組における養子は，原則15歳未満でなければいけません。ただ，特別養子縁組が成立するまでに18歳未満であれば養子になることができます（817条の５第１項）。
もし15歳に達している場合には，養子になる者の同意が必要です（817条の５第３項）が，それ以外の場合には同意は不要です。

エ　特別養子縁組が成立した場合，実父母及びその血族との親族関係は原則として終了し，特別養子は実父母の相続人となる資格を失う。

特別養子縁組が成立すると，養子と実方の父母やその血族との親族関係は終了します（817条の９）。したがって，相続する資格も失います。

オ　特別養子縁組の解消は原則として認められないが，養親による虐待，悪意の遺棄その他養子の利益を著しく害する事由がある場合，**または**，実父母が相当の監護をすることができる場合には，家庭裁判所が離縁の審判を下すことができる。

特別養子縁組の離縁は原則認められません。
ただし，以下の①②の要件を両方とも満たす場合で，養子の利益のため特に必要があると認めるときは，家庭裁判所は，養子，実父母または検察官の請求により，離縁させることができます（817条の10第１項）。
①　養親による虐待，悪意の遺棄その他養子の利益を著しく害する事由があること
②　実父母が相当の監護をすることができること

5－3

相　続

見る問ポイント

「相続人」「相続分」「承認・放棄」「遺言」「遺留分」といった主要論点についてしっかり学習しておきましょう。また本試験ではまだ出題されていませんが改正点の学習も忘れずに。

見る問

▶　Ａは2010年10月１日に死亡したが，Ａには，Ｄに対する遺贈以外の遺言はなく，その死亡時に妻Ｂ，長男Ｃ，長女Ｄおよび次男Ｅがいた。この場合についての次の記述のうち，民法の規定および判例に照らし，誤っているものはいくつあるか。　〔2012年問35抜粋〕

Ａの相続人は，妻Ｂ，長男Ｃ，長女Ｄおよび次男Ｅですね。つまり「共同相続」の場面です。

ア　Ｂが2010年10月１日にＡの死亡を知った場合において，Ｂは，その時から３ヶ月以内に**単独で限定承認をすることができ，相続人全員で共同してする必要はない。**

限定承認をする場合は，相続人が自己のために相続の開始があったことを知った時から起算して３ヶ月以内に，家庭裁判所に申述しなければいけません（924条）。そして，共同相続の場合，限定承認は全員でしなければいけません（923条）。

類題 Aは，海外出張に出かけたが，帰国予定の日に帰国しないまま長期間が経過した。その間，家族としては関係者および関係機関に問い合わせ，可能な限りの捜索をしたが，生死不明のまま出張から10年以上が経過した。そこで，Aについて，Aの妻Bの請求に基づき家庭裁判所によって失踪宣告がなされた。Aの相続についての限定承認は，Bと子Cが共同してのみ家庭裁判所に申述することができる。

〔2010年問35イ〕

イ　Cの相続権が侵害された場合に，**CがAの死亡の時から5年以内に相続回復請求権を行使しないときは**，同請求権は，時効によって消滅する。

相続回復請求権は，相続人が相続権を侵害された事実を知った時から5年で時効消滅します（884条）。被相続人の死亡の時からではありません。

ウ　DがAから遺贈を受けた場合には，**Aが死亡の時において有した財産の価額に遺贈の価額を加えたものを相続財産とみなし**，Dの法定相続分の中からその遺贈の価額を控除した残額をもってDの相続分とする。

共同相続人の中に，被相続人から①遺贈を受けた，②婚姻のための贈与を受けた，③養子縁組のための贈与を受けた，④生計の資本として贈与を受けた者がいる場合，その者を「特別受益者」と呼びます（903条）。「特別受益者」がいる場合，相続開始のときに有する財産に，贈与の価格を足したものを「みなし相続財産」として，それに基づいて相続分を計算し，「特別受益者」からは遺贈又は贈与分を差し引くことで，共同相続人間の公平を図ろうとしているのです。特に「みなし相続財産」を算定するときに，遺贈分は足さない点に注意してください。遺贈は相続開始のときに有する財産から行われるものです。また誕生日のプレゼントは「特別受益」にはあたりません。

類題 Aは，海外出張に出かけたが，帰国予定の日に帰国しないまま長期間が経過した。その間，家族としては関係者および関係機関に問い合わせ，可能な限りの捜索をしたが，生死不明のまま出張から10年以上が経過した。そこで，Aについて，Aの妻Bの請求に基づき家庭裁判所によって失踪宣告がなされた。**BがAの出張前にAから誕生日に宝石をプレゼントされていたときは，Aの相続開始とされる時においてAが有していた財産の価額に，その宝石の価額を加えたものを相続財産とみなし，**Bの相続分の中からその宝石の価額を控除した残額をもってBの相続分とする。　〔2010年問35ア〕

オ　**Aの死亡の時から5年以内にB，C，D，Eの協議により遺産分割がなされない場合には，B，C，D，Eは，全員で家庭裁判所に対し遺産分割を申し立てなければならない。**

このような規定はありません。「5年以内」というのは，被相続人が遺言で相続開始の時から5年を超えない期間を定めて遺産の分割を禁止することができるという，908条で出てくるものですね。

関連過去問1

Aが死亡した場合の法定相続に関する次の記述のうち，正しいものはどれか。なお，Aの死亡時には，配偶者B，Bとの間の子CおよびAの母Dがいるものとする。　〔2007年問35抜粋　答ア・ウ〕

ア　Aの死亡と近接した時にCも死亡したが，CがAの死亡後もなお生存していたことが明らかでない場合には，反対の証明がなされない限り，Aを相続するのはBおよびDである。

> ✎ A Cは同時死亡の推定（32条の2）が働きます。したがって，互いに相続は生じません。ということは，Aを相続できるのは，配偶者Bと第二順位の相続人である母Dです。

ウ　Aにさらに養子Eがいる場合には，Aを相続するのはB，CおよびEであり，Eの相続分はCの相続分に等しい。

> ✎養子と実子で相続分に違いはありません。

オ　Ｃが相続の放棄をした場合において，Ｃに子Ｆがいるときには，Ａを相続するのはＢだけでなく，**ＦもＣを代襲してＡの相続人となる**。

> ✎Ｃが相続の放棄をした場合，Ｃの子ＦがＣを代襲して相続することはありません。

関連過去問2

相続欠格と相続人の廃除に関する次のア～オの記述のうち，妥当なものはどれか。

〔2009年問35　答ア・イ〕

ア　相続欠格においては，その対象者となりうるのは全ての推定相続人であるが，相続人の廃除においては，その対象者となるのは遺留分を有する推定相続人に限られる。

> ✎相続欠格に関する891条はすべての推定相続人を対象にしています。一方，相続人の廃除に関する892条は，遺留分を有する推定相続人を対象としています。

イ　相続欠格においては，その効果は一定の欠格事由があれば法律上当然に生ずるが，相続人の廃除においては，その効果は被相続人からの廃除請求による家庭裁判所の審判の確定によって生ずる。

> ✎遺留分を有する推定相続人が被相続人に対して虐待をし，または被相続人に重大な侮辱を加えた場合や，その他の著しい非行があったときは，被相続人はその推定相続人の廃除を家庭裁判所に請求できます（892条）。
> 一方，欠格事由は891条に法定されていますので，そのいずれかに該当すると当然に相続権がはく奪されます。

類題 Ａは2010年10月1日に死亡したが，Ａには，Ｄに対する遺贈以外の遺言はなく，その死亡時に妻Ｂ，長男Ｃ，長女Ｄおよび次男Ｅがいた。Ｅが，生前Ａに対して虐待をし，またはＡに重大な侮辱を加えた場合には，Ｅは，**欠格者として**相続人となることができない。

〔2012年問35エ〕

ウ　相続欠格においては，**被相続人および同順位相続人は欠格の宥恕をすることができるが，相続人の廃除においては，被相続人は審判確定後は家庭裁判所にその**

取消しを請求することはできない。

> 欠格の宥恕（「許す」という意味です）については民法にそれを認める規定はありません。一方，廃除については894条において，被相続人はいつでも家庭裁判所に廃除の取消しを請求することができると規定しています。

エ　相続欠格においては，被相続人の子が欠格者となった場合には，**欠格者の子は代襲相続人となることができない**が，相続人の廃除においては，被相続人の子について廃除が確定した場合でも，被廃除者の子は代襲相続人となることができる。

類題 Ａが自己に対する虐待を理由に家庭裁判所にＣの廃除を請求して，家庭裁判所がこれを認めた場合には，たとえＣに子Ｆがいたとしても，**ＦはＣを代襲してＡの相続人となることはできず**，Ａを相続するのはＢおよびＤである。〔2007年問35エ〕

> 欠格も廃除も代襲原因です（887条２項）。

オ　相続欠格においては，その効果として**すべての相続にかかわる相続能力が否定される**が，相続人の廃除においては，その効果として廃除を請求した被相続人に対する相続権のみが否定される。

> 欠格も廃除も，その被相続人との関係で相続権が否定されるにすぎません。

関連過去問３

Ｊは，自己の所有する乙土地を，その死後，世話になった友人Ｋに無償で与える旨の内容を含む遺言書を作成した。Ｊの死後，遺言の内容が明らかになり，Ｊの相続人らはＫに対して相当の期間を定めてこの遺贈を承認するか放棄するかを知らせて欲しいと催告したが，Ｋからは期間内に返答がない。この場合，Ｋは遺贈を承認したものとみなされる。〔2009年問30オ〕

> この遺贈は特定遺贈です。遺贈義務者であるＪの相続人らは，本問のような催告を行うことができます。Ｋから返答がない場合は，Ｋは遺贈を承認したものとみなされます（987条）。

関連過去問4

遺言に関する次のア～オの記述のうち，民法の規定に照らし，正しいものはどれか。
〔2017年問35　答ア・エ〕

ア　15歳に達した者は，遺言をすることができるが，遺言の証人または立会人となることはできない。

> 遺言は15歳になるとすることができるようになります（961条）。一方で遺言の証人または立会人には，未成年者はなることができません（974条1号）。

イ　自筆証書によって遺言をするには，遺言者が，その全文，日付および氏名を自書してこれに押印しなければならず，遺言を変更する場合には，変更の場所を指示し，変更内容を付記して署名するか，または変更の場所に押印しなければ効力を生じない。

> 自筆証書遺言は，全文，日付，氏名を自分で書き，押印しないといけません（968条1項）。
> もしその内容について加除その他の変更をする場合は，遺言者がその場所を指示し，これを変更した旨を付記して署名し，あわせてその変更の場所に押印しなければ効力が生じません（968条3項）。

ウ　公正証書によって遺言をするには，遺言者が遺言の趣旨を公証人に口授しなければならないが，遺言者が障害等により口頭で述べることができない場合には，**公証人の質問に対してうなずくこと，または首を左右に振ること等の動作で口授があったものとみなす。**

> 公正証書遺言は，証人二人以上の立会いのもと，遺言者が遺言の趣旨を公証人に口授し，公証人がそれを筆記して作成します（969条）。
> もし遺言者が障害等により口頭で述べることができない場合，遺言者は公証人および証人の前で，遺言の趣旨を通訳人の通訳により申述し，または自書することで，口授に代えます（969条の2第1項）。

エ　秘密証書によって遺言をするには，遺言者が，証書に署名，押印した上，その証書を証書に用いた印章により封印し，公証人一人および証人二人以上の面前で，当該封書が自己の遺言書である旨ならびにその筆者の氏名および住所を申述する必要があるが，証書は自書によらず，ワープロ等の機械により作成されたものであってもよい。

> 秘密証書遺言の作成方法は，本肢に書いてあるとおりです（970条１項参照）。
> なお，自筆証書遺言と異なり，全文，日付，氏名を自分で書く必要はありません。したがって，本肢のように，ワープロ等の機械により作成することは認められます。

オ　成年被後見人は，事理弁識能力を欠いている場合には遺言をすることができないが，一時的に事理弁識能力を回復した場合には遺言をすることができ，その場合，法定代理人または３親等内の親族二人の立会いのもとで遺言書を作成しなければならない。

> 成年被後見人は原則として遺言はできません。ただ，事理を弁識する能力を一時回復したときは，医師二人以上の立会いのもとで遺言をすることができます（973条１項）。
> 立ち会うことが求められているのは，「医師二人以上」であり，「法定代理人または３親等内の親族二人」ではありません。

プラスα

自筆証書遺言に添付する目録はパソコン等で作成したり，他人が代筆して作成することが認められています。また，銀行通帳のコピーや不動産の登記事項証明書を目録として添付することもできます。

これは高齢者の作成の負担を緩和するための措置です。ただ，偽造，変造のリスクも高くなるため，自書によらない目録のすべてのページに遺言者は署名して押印する必要があります（968条２項）。

【著者紹介】

横溝　慎一郎（よこみぞ　しんいちろう）

「あきれるほどの前向きさ」で全国の受験生から熱い支持を受けている行政書士試験指導のレジェンド。
高校受験，大検（現高認）試験受験，大学受験といった受験指導経験もあり，講師歴は通算30年を誇る。その豊富な講義経験と親切丁寧な受験指導で，担当するＬＥＣ東京リーガルマインドの横溝クラスからは毎年多くの合格者を輩出している。
また，「横溝慎一郎行政書士合格ブログ」（毎日更新）は行政書士試験受験生のみならず，各種資格試験受験生の間で愛読されて15年目となる。
座右の銘は「失意悠然 得意冷然」。
村上春樹と猫とファッションをこよなく愛する一面も持つ。
主な著書に『最短で最高の結果を出す「超効率」勉強法』，『68点を確実に取る勉強法』（ともにフォレスト出版），『行政書士試験　見るだけ過去問』シリーズ，『行政書士シンプルで最強な合格戦略』（ともに中央経済社）など多数。

行政書士試験
見るだけ過去問　民法〈第２版〉

2017年７月１日　第１版第１刷発行
2021年６月15日　第２版第１刷発行

著　者　横　溝　慎　一　郎
発行者　山　本　　継
発行所　㈱　中　央　経　済　社
発売元　㈱中央経済グループパブリッシング
〒101-0051　東京都千代田区神田神保町1-31-2
電話　03（3293）3371（編集代表）
03（3293）3381（営業代表）
https://www.chuokeizai.co.jp
印刷／三　英　印　刷　㈱
製本／㈲　井　上　製　本　所

＊頁の「欠落」や「順序違い」などがありましたらお取り替えいたしますので発売元までご送付ください。（送料小社負担）
ISBN978-4-502-38941-2　C2334